CONFLAGRACIÓN

TERI-ANNE

CONFLAGRACIÓN

PROMINENT
BOOKS
EDGE

5830 E 2nd St, Ste 7000 #9983
Casper, WY 82609
USA

CAPÍTULO UNO

LA HISTORIA QUE VOY a relatar es verídica, según mi leal saber y entender. Los hechos ocurrieron, los lugares existen y las personas son reales, aunque algunos nombres han sido cambiados. Si algunos detalles no son perfectamente exactos, por favor, perdónenme, sucedió hace más de dieciséis años de cuando escribo esto. El rasgo no se reveló, al menos no claramente, de lo contrario, habría llevado un diario.

Mi ex, Fred, se quedó en la milicia después de que yo misma saliera. Así es como terminé en el océano más grande del mundo. Supongo que tú, aficionado a la historia, y algunos de ustedes, militares, reconocerán el nombre de Guam, la mayor de las Marianas, más allá de Hawái, casi hasta Japón. Sí, yo también he estado en esos lugares, tres años en Okinawa, Japón, y una escala de nueve horas en Hawái de camino desde Japón.

Hubo una importante batalla librada en Guam durante la Segunda Guerra Mundial contra los japoneses. Pues sí que dejaron su huella allí. Muchos de los chamorros también son en parte japoneses.

Chamorro: Ese es el nombre dado a los indígenas por los españoles que colonizaron las islas de las Marianas. Uno de ellos me dijo que era porque su pelo, al cortárselo al estilo Mohawk o mohicano, se erguían como cañas de trigo, que es lo que significa Chamorros en español. Puede ser, pero ya sabes, a los jóvenes les gusta contar historias, y como no lo he comprobado. lo dejaré así.

Me pasaron muchas cosas en Guam. Diablos, desde que me uní a la fuerza aérea, muchas cosas me habían pasado en muchos lugares.

1

Lo que hacía única a Guam era que me aterrorizaba la idea de morir allí, lejos de mi familia, que había regresado a Estados Unidos antes que yo. En noviembre de 1990, mi familia y yo nos trasladamos a Guam porque Fred iba a ser enviado allí.

Louis (Missouri) y Los Ángeles (California), ninguno de esos lugares nos preparó para la realidad de Guam; después de todo, en Wyoming empieza a nevar en septiembre. Así que, pensando en ir a la moda, me vestí con una blusa de seda amarilla y una falda de terciopelo marrón, que se me pegaron a la piel apenas salí del avión. Saqué la chaqueta de mi equipaje de mano y, envuelta en ella, seguí a Fred y a los niños hasta la recogida de equipajes.

Sí, me estaba asando, ¡pero mejor eso que pasar vergüenza!

Nos recibió un joven alto y delgado vestido de azul, el padrino de Fred, el soldado encargado de que nos instaláramos. Nos llevó a nuestro hogar para los próximos días, un pequeño hotel familiar situado frente a la playa. Era cómodo estar tan cerca del mar, sobre todo cuando los niños, jóvenes y con el jet lag, se despertaban de madrugada, gritando y armando alboroto, porque sabía que nos iban a echar. Salía corriendo de mi habitación por el sucio pasillo para empujar a tres preadolescentes a vestirse y llevarlos a la playa, donde veíamos magníficos amaneceres y a los corredores japoneses pasar a toda velocidad.

En los años ochenta, cuando vivíamos en Okinawa, veíamos a oficinistas japoneses haciendo ejercicio en grupo delante de sus edificios. Era un pueblo de obligaciones, obligado a hacer cosas que normalmente haríamos por placer, como respetar ciertas fiestas, viajar, jugar al golf.

También eran gente muy educada, que se disculpaba antes que dar una respuesta negativa.

Por todo ello, no era de extrañar que hubieran alcanzado el éxito financiero que tenían cuando llegamos a Guam.

Dado que Guam era una isla tropical hermosa y paradisíaca, con nativos amistosos, no era de extrañar que los japoneses quisieran pasar allí sus vacaciones o incluso comprar propiedades. Esto tuvo un gran impacto en la vida de la isla.

En aquella época, Guam, al igual que México, tenía una extraña mezcla de miseria de país emergente con la suave sofisticación de los complejos turísticos de categoría mundial, al menos a primera vista. Había un fondo apacible, casi idílico, de palmeras meciéndose, brillantes arbustos de hibisco en flor (las hermosas flores rojas que lucen las bailarinas hawaianas de huía) y turistas japoneses que te fotografiaban a ti y a cualquier otra cosa que no vieran en casa. Además, ¿había calles de casas de pueblo ocupadas, con sus destartalados patios llenos de basura del siglo XX, latas de refrescos y envoltorios de comida rápida bajo palmeras que se balanceaban suavemente, a pocas manzanas de distancia de los hoteles de los rascacielos?

Los chamorros, al igual que los hawaianos, al menos si eran de raza pura, eran personas altas, bien formadas y hermosas, de piel morena dorada y pelo oscuro, ondulado y casi liso. Durante la Segunda Guerra Mundial, los japoneses cambiaron mucho eso, criando en ellos su estatura más pequeña y de huesos finos. Eso fue en la guerra, ahora influyen en la economía de muchas maneras.

Aparte del ritual mañanero de ir a la playa, no había mucho más que hacer. Éramos militares dependientes, sin auto y con poco dinero, y teníamos que esperar a que el padrino de mi ex nos llevara de un lado a otro.

Afortunadamente, nuestra estancia fue breve y nos mudamos a la "vivienda de la base". No, no en la base, Anderson AFB, sino en un puesto avanzado en Yigo (gee-go) llamado Área de Vivienda Andy Sur, o simplemente Andy Sur para nosotros los habitantes. Era bastante agradable, mejor que la "aldea de los Picapiedra". El apodo descriptivo dado a nuestra última área de vivienda en Wyoming. Andy Sur, bueno, ¿qué puedo decir? Como Fred era sargento con tres hijos, hombre y mujer, mayores de cierta edad (sí, créeme, los militares pueden ser así de exigentes), tenía derecho a una casa adosada de cuatro dormitorios y dos baños y medio. Era una vivienda similar a la que teníamos en Indiana (menos la nieve ocasional), donde nació mi hija (sí, eso la convierte en una auténtica Hoosier).

El apartamento/casa de pueblo tenía un pequeño "patio" delantero con un precioso palmito, un cobertizo para las herramientas, y un gran cocotero con una enorme "araña bananera" bajo la ventana

3

de mi hija. En la parte trasera había un patio minúsculo, donde crecía un bosquecillo de cocoteros entre las vallas de madera, con un lado abierto a un enorme terreno común para las casas adosadas de los alrededores. Delante, el camino de entrada que daba a la calle, era lo suficientemente ancho para dos vehículos.

Acabábamos de estacionar cuando una rubia corpulenta y simpática con tres niños — dos niñas en edad de ir a la escuela primaria, como mi hija, y la tercera, una niña pequeña en brazos de su madre— se acercó al auto para ofrecerse a ayudarnos con la mudanza.

Su generosidad no se detuvo con este gesto de bienvenida, sino que, cuando llegó su marido esa misma tarde, ambos se ofrecieron a prestarnos un televisor y catres para dormir.

Como aún no teníamos ningún mueble propio, Cathy, como la llamaré, fue absolutamente indispensable cuando me dijo en qué oficina debía solicitar el préstamo para los muebles. Por supuesto, era propio de ella estar a mi lado cuando llegaban, para ayudarme a instalarnos lo mejor posible. No quiero parecer desagradecida, pero debían de ser restos de tiendas de segunda mano, muebles "Boonie", como ella los llamaba. Por supuesto, todos hacían juego, pues eran de ratán de las Islas del Pacífico, bien desgastados, excepto los colchones y las cunas para los niños. Gracias a Dios, nuestras cosas llegarían pronto...

Como Cathy vivía al lado, a la mañana siguiente, después de que Fred y los niños se fueran al trabajo y a la escuela, respectivamente, me dirigí directamente a su puerta.

"Me alegro mucho de que hayas venido". Casi me abrazó y me llevó a su acogedora sala de estar, con la televisión encendida con un programa de cocina. "Desde que supe que venías. Te he estado esperando", me dijo. En ese momento me sentí a gusto con ella.

"Hice una salsa con queso crema, ¿quieres un poco?". Cathy estaba animada mientras me guiaba a la cocina.

"Claro, ¿tienes algo de beber?".

Y antes de que pudiera completar la idea ofreciéndome a correr a casa a por unas cuantas, se apresuró a ir a la nevera a por refrescos fríos, Pepsi Diet, ¿qué podría ser mejor? Entonces me lo dio.

"Voy a fumar". Guiñó un ojo disimuladamente mientras rebuscaba entre las latas de la encimera

"¿A Dan tampoco le gusta que fumes?", mientras yo la seguía hasta la puerta trasera. Estallamos en carcajadas, las primeras de muchas en los tres años siguientes. Cathy se convertiría en mi mejor amiga, mi confidente y mi compañera de travesuras.

Yo soy corpulenta, mido 1,75 y peso más de 90 kilos, pero ella me hacía ver pequeña con sus casi 1,80 metros. Tenía el pelo corto y rubio, rizado a la altura de la mandíbula, y unos joviales ojos azules. Aportaba alegría y consejos sobre el entorno local, haciendo mi estancia mucho más alegre.

CAPÍTULO DOS

AL DÍA SIGUIENTE, Cathy llamó a la puerta, temprano, para anunciar la tormenta que se esperaba: El tifón Russ. Ya había vivido huracanes antes, cuando era niña y vivía con mis padres. En mi vida adulta, el primero que pasé azotó Biloxi, Mississippi, justo la noche de mi boda, el 5 de septiembre de 1977, que aunque lo oímos, no vimos realmente. Desde Okinawa hasta ahora, no he pasado por un tifón, el último episodio de mal tiempo fue el granizo en Wyoming, y antes de eso, la sequía que se produjo mientras conducía por allí en 1987.

Dan, cuya casa estaba siempre lista, llevó a Fred al pequeño BX, que es la jerga de la fuerza aérea para tienda de conveniencia. Los hombres compraron provisiones para un par de días, que era lo mejor que podíamos hacer con tan poca previsión y ninguna preparación. En realidad, hasta Okinawa, mi familia nunca había oído hablar de los tifones. Se les conocía como huracanes de izquierdas.

Afortunadamente, hay una costumbre entre la gente militar, en tiempos de emergencia, todos arriman el hombro. Así que, como una ola, cuando el grupo de vecinos inicial terminó una casa, se fueron a la siguiente donde se les unió su inquilino. Así hasta que todos los inquilinos salieron y toda la calle quedó terminada.

Dan y Cathy demostraron su indispensabilidad, una vez más, cuando nos prestaron varios juegos de mesa para mantener a los niños ocupados. Por supuesto, la tormenta en sí les entretuvo durante algún tiempo, siempre que se pudiera captar la atención de los niños, es decir, después de que el televisor dejara de transmitir.

Luego, más o menos en la mitad de la tormenta, llegó el "Ojo". El ojo es un período de calma en el que pasa el centro del ciclón y, como no había viento ni lluvia, abrimos la puerta con cautela. Al ver que nuestros vecinos se reunían para hablar del suceso, por supuesto, también salimos.

Examinamos los daños y comparamos el estado de las cosas antes y ahora. La noticia más importante fue: "Miren la parada de autobús". Un vecino observó que estaba retorcida y tirada en la calle. Esto causó una gran emoción entre todos los niños de la zona de viviendas y contribuyó en gran medida a que se conocieran entre sí y les dio la oportunidad de intercambiar información. Nosotros, los adultos, hicimos lo mismo.

Este fue un período que los veteranos, los miembros militares con más experiencia, disfrutaron. Este es el momento en el que pueden contar sus "Historias de Guerra" o "Historias de Pesca", por así decirlo. "Había un camión que se sacudió y cuando aterrizó contra el muro de la carretera, quedó muy maltrecho". Esto fue presenciado nada menos que por el narrador de la historia. Como éramos novatos en ese momento, Fred y yo no podíamos hacer nada más que escuchar. No se nos ocurrió preguntar qué estaba haciendo en la carretera con vientos tan fuertes.

"¡Ya viene!", gritó un vecino con una radio (evidentemente el vigía). Nadie preguntó, simplemente nos dimos la vuelta y corrimos a casa. Minutos después, la tormenta se reanudó con toda la furia que pudo reunir.

Por suerte, vivíamos en una vivienda de la base, así que gran parte del daño ocurrió en el exterior. Por lo general, las viviendas de la base en las que vivíamos estaban hechas de ladrillo o cemento, y aunque nada es una garantía, siempre me he sentido lo suficientemente segura como para no pensar mucho en ello. Lamentablemente, esto no se puede decir de toda la isla. Sin embargo, el peor daño que recuerdo fue de la segunda tormenta que vivimos, al año siguiente, en un pueblo llamado Maite (pronunciado "mighty"), un nombre de lo más incongruente, pensé cuando lo escuché por primera vez, pero resultó que no lo era. Después de que el tifón Yuri acabara con él, apenas quedaba una piedra sobre otra, un trozo de madera intacto o metal sin retorcer. Antes de eso, realmente no prestaba atención a los lugares reales que se vieron afectados por desastres, ni siquiera la inundación que sobrevolé en el helicóptero que tuve que llevar al Hospital Luke AFB en Arizona cuando una unidad de radar pasó sobre mi pie. Tal vez, el dolor lo hizo parecer tan distante, como si no me tocara.

Bueno, Guam resultaría ser personal.

De todos modos, antes de confundirlos haciendo lo de Billy Pilgrim de Matadero Cinco (Slaughterhouse Five, es un libro) de Vonnegut, saltando de un lugar a otro y de un período de tiempo a otro, déjenme volver a después de la tormenta.

El tiempo que pasamos sin electricidad fue breve, la mayor parte del tiempo vivimos al aire libre, tratando de mantener la calma, lo que nos permitió apreciar nuestro nuevo hogar, algo que probablemente no hubiéramos logrado de otra manera. Los niños descubrieron los cocos. El pequeño bosque en nuestro patio trasero era generoso. Recordando el verano en que mis padres nos llevaron a la isla donde nací, supe cómo pelar un coco. Parecían bellotas gigantes hasta que tomabas un machete y cortabas la cáscara. No teníamos uno, pero yo tenía un juego de cuchillos de cocina. Luego usé el picahielos para acceder a los tres pequeños puntos que a veces se retrataban en las caricaturas como una cara (no tengo idea de cómo se llaman, honestamente), pero sabía que, si los pinchaba, había leche de coco dulce adentro, y con pajitas, los niños tenían un regalo inusual, eso es hasta que la novedad pasó.

Nuestros muebles llegaron aproximadamente una semana después, y con ellos vino la visita de Cathy y su bebé. Ella ayudó a arreglar la sala de estar, ignorando cortésmente mis muecas de dolor cuando vio el horrible sofá y sillón de cuadros rojizos que teníamos. Qué amable de su parte, especialmente cuando tenía un juego magnífico que adornaba su sala. Incluso tenía una curiosidad con una colección de figuras de Lladró.

Para ocultar mi vergüenza, me preguntó: "¿Alguna vez juegas a Bonko?" Nos habíamos retirado a su cocina mientras nuestros esposos estaban en el trabajo, y ella estaba alegremente arreglando una bandeja de una deliciosa mezcla que había visto en uno de los

8

innumerables programas de cocina que tanto le gustaban, mientras los niños jugaban afuera en el área de viviendas... Antes de que ustedes, los tipos civiles, se asusten, déjenme decirles que la comunidad cerrada era una idea sacada de la vida básica. "¿Qué es Bonko?" Me senté en uno de los taburetes de su comedor, encendiendo dos cigarrillos.

"Juegas con dados. Es divertido y puedes ganar grandes premios. Ven conmigo el jueves". Ella echó a una hija y aceptó el cigarrillo.

Calculamos el momento de nuestro vicio con cuidado porque ni a Dan, su marido, ni a Fred les gustaba y se pondrían como locos, no te lo creerías.

Asentí con entusiasmo: "Seguro". No necesitaba preguntarle si lo aprobaba, porque, aunque ella era unos siete o diez centímetros más alta y lo superaba en peso, creo que le tenía miedo a Dan y no iría si él decía: "No".

(Sé que es difícil de creer, pero así era hace sólo veinte años.)

Bonko era divertido y los premios eran hermosos. Era maravilloso tener gente, gente adulta, con la que hablar —después de pasar tiempo con el trabajo pesado de las tareas domésticas—niños que se morirían de vergüenza si los veían con sus padres, pero que eran demasiado jóvenes para estar solos (preadolescentes), y un marido que pensaba que el hogar era donde todos los juguetes electrónicos (televisión, estéreo, computadora y videojuegos) debían usarse a la vez, a todo volumen, y así no tener que hablar con la esposa.

Yo hubiera jugado hasta que me fui, excepto que un partido de fútbol en la casa destruyó una pieza particularmente hermosa (y cara), el premio del primer lugar de la noche que lo gané.

Sí, para que lo sepas, perdí la calma. Tal vez, nos podían escuchar desde la cuadra de al lado, pero esa no habría sido la primera vez.

CAPÍTULO TRES

EL RESTO DEL PRIMER AÑO consistió en instalarnos, conocer bien este nuevo lugar que íbamos a considerar nuestro hogar. Por supuesto, Cathy era absoluta y maravillosamente indispensable. Lo siento Mónica, siempre estarás en mi corazón, aunque entonces estuviéramos a continentes de distancia, y a veces no habláramos durante meses, pero Cathy estaba allí y en cierto modo ocupaba tu lugar. Aunque sólo podía ser temporal, las órdenes podían llegar en cualquier momento. Así que, por el momento, era mi mejor amiga.

Fuimos de compras al economato de la base grande, Anderson. Ella señaló las estructuras de piedra inusuales, con forma de cálices que aparecían con frecuencia en la isla, "piedras Latte", había un par de pie en un lugar parecido a un parque cerca de la zona comercial, Comisario, BX, y cafetería.

(Hoy es 30 de abril de 2010, y ya no soy lo que una vez fue descrito como un "pollo de primavera", tratando de recordar la ubicación exacta de estos edificios que vi en 1990, no va a suceder. Lo siento).

Según Cathy, estas piedras Latte estaban allí mucho antes de que los españoles llegaran, muy posiblemente hace miles de años. Me encantaba estudiar sobre personas y lugares extranjeros, también quería aprender idiomas. Esto era justo lo que siempre había querido... Por eso, cuando una amiga, Sue, me propuso alistarme en la fuerza aérea, no lo dudé. Serví al país que dio refugio a mis padres y a mí, el único hogar que he conocido y amado.

¡Todo eso y la aventura también!

Ten cuidado con lo que deseas...

Además de estos lugares de compras, estaba el rec. center—es decir, el centro de recreación, el lugar para socializar y relajarse, muy importante para la moral, y crucial para los frikis de los videojuegos como yo. Así que, incluso con el club de esposas de suboficiales y Bonko, como me picó el gusanillo de la ciencia ficción, desde el día en que conocí a mi abuelo, poco después de llegar a este país y encendió el televisor, a (¿qué más?, La Dimensión Desconocida). No es de extrañar que, en cuanto Cathy me lo indicó, fuera directamente allí, en cuanto tuve ocasión, para echar un vistazo al cartel de anuncios y dejar un aviso para otros jugadores.

También allí estaba el importante lote de autos usados. Aquí también aprendí otro uso de una palabra popular del argot que se oye con frecuencia en nuestra zona, "Boonie".

Daniel Boone fue un famoso leñador legendario, un colono que ayudó a esculpir la frontera americana, y su nombre se usaba para indicar lo salvaje. En Guam también se desarrolló para dar a entender que algo era inferior, de ahí que se usara un auto boonie, y se abusaba de él con frecuencia. Sin embargo, un auto "boonie" vendido en el lote, todavía corría, la base se encargaba de eso.

Más tarde, voy a contar acerca de mi auto "boonie", que se lo compre a un reverendo, de entre todas las personas.

Mencioné que en todas partes en Guam eran "cruzando la calle de la playa". En el caso de la base Anderson, esa "calle" era una carretera que descendía por un acantilado de más de mil metros de altura, como sacada de las películas sobre islas paradisíacas del Pacífico que eran populares cuando yo era pequeña. Aunque para un niño que miraba desde la seguridad del sofá era emocionante ver a un nativo zambullirse desde alturas tan peligrosas, para un acrofóbico era aterrador que lo bajaran con la excusa de llevar a los niños a la playa. En ese momento, aprecié el hecho de que los nervios de Fred eran de acero.

Tu podrías argumentar, "Está bien, pero tú eras técnico de radares, ¿no tenías que subirte a una escalera para trabajar en esas cosas?

¿Qué hay de esa cuerda que tú tenías que atravesar en la carrera de obstáculos durante el entrenamiento básico?" Sí, bueno... No me lo recuerdes. La mayoría de las veces, no tenía conocimiento de estas cosas, y eran insignificantes comparado a un escarpado, y ¿no dije "peligroso"?

Muy bien, supongo que no estábamos en peligro real, a menos que me asusté conducir allí a mí misma.

Cuando llegamos allí, era un "punto caliente" muy popular. Montones de militares se arremolinaban en traje de baño. En cuanto llegamos al fondo, los niños salieron corriendo del auto hacia la mayor concentración de niños. Sólo los niños podían correr sin obstáculos por la extraña y esponjosa arena blanca, como nunca antes había visto.

Miré a mi alrededor. Crecí en el hermoso Connecticut, con playas a media hora de casa, pero no estaba preparada para esto. Bajo el acantilado había hondonadas poco profundas y pequeños charcos de agua. Había pájaros tropicales, árboles y otras cosas que nunca había visto, ni siquiera en fotos.

No fue la última vez que visitamos este lugar. De alguna manera, mi familia me convenció de que volviera, al menos con la frecuencia suficiente para algo que nunca hubiera creído posible.

Para mí, la raza o el color de una persona eran un asunto de interés solo si sucedían cosas significativas en relación con ello. Soy de ascendencia mixta: mi madre, un cuarto india, además de la obvia mezcla de negros y blancos. Mi padre era muy claro; en algún momento escuché que su madre era al menos en parte inglesa y su padre, nunca lo supe, pero siempre pensé, por el nombre y el aspecto de mi padre, que probablemente era al menos en parte judío... Como nunca se habló del tema de la raza, no tenía idea de que un niño de piel oscura pudiera quemarse con el sol... hasta que tuve que tratar la espalda ampollada de mi hijo mayor. Este sorprendente descubrimiento se realizó en esa playa.

Esto, por supuesto, no impidió que un niño de más de trece años se lanzara, testarudo, al peligro. La mayor parte del tiempo, iba a los lugares "seguros" prescritos, como el centro juvenil a un par de cuadras detrás de nuestra casa.

Sin embargo, la "playa al otro lado de la calle" de nuestra zona de vivienda estaba al otro lado de la "carretera secundaria", una ruta alternativa no muy bien patrullada que iba paralela a la calle principal desde Dededo a los pueblos más poblados como Tamuning o la capital, Hagana (Agana, como la llamábamos). No estoy seguro de qué tan grande era el acantilado que conducía a esa playa, cada vez que conducía por la carretera, no veía nada más que jungla del lado del océano. A excepción de Taotaomona, si está bien escrito, los espíritus de la naturaleza en los que muchos chamorros parecen creer, no escuché nada extraño al respecto, no como la carretera de la jungla de Dededo, del lado que conduce a Yigo, donde los niños iban a la escuela. Se rumoreaba que esa carretera era donde a menudo se encontraban víctimas de asesinato. De todos modos, me alegro de que no fuera hasta nuestro último año, cuando mi hijo mayor ya tenía quince años, que me enteré de que frecuentaba esa playa con los otros chicos del barrio.

Por cierto, yo también perdí la paciencia en ese momento. Lo hice mucho al criar chicos. Tal vez, fui un poco protectora. Estábamos a medio mundo de distancia de lo que yo sabía. Control de Rumores, la red de mujeres que nos mantenía informados, a menudo daba advertencias anticipadas sobre cosas como redes de secuestradores, pedófilos en el barrio y otras cosas que no cubrían las fuentes de información estándar. No siempre vivíamos en viviendas de la base y he prestado atención a estas advertencias. Han resultado oportunas, al menos un par de veces.

Sin embargo, lograr que la pareja hiciera lo mismo no siempre era fácil. Convencerlo de la seguridad o de cuestiones de sentido común como los presupuestos eran a menudo temas de mucho debate acalorado.

CAPÍTULO CUATRO

TENÍAMOS UN JARDÍN, SEPARADO de nuestros vecinos por vallas de madera a ambos lados. El recorrido desde las puertas correderas de cristal de mi salón no estaba lejos del de Cathy, y pronto nos hicimos un camino. Los cocos mencionados antes se encontraban allí tirados al azar, tantos, que la hierba estaba cubierta, y entonces pudimos apreciar la generosidad de la naturaleza. Después de una gran tormenta, teníamos la seguridad de no morir de hambre.

Más allá del enorme campo, en el centro de las casas circundantes, al otro lado de la calle, estaba la meca de los niños locales, el centro juvenil, con juegos y vídeos de interés. Allí pasaron mucho tiempo mis hijos, y James, el mayor, descubrió el fútbol.

Otro lugar que debo mencionar era el inmenso campo que había entre las casas y el pequeño BX. Caminábamos cerca de él cuando James me agarró del brazo. "Tienes que tener cuidado al cruzar", me susurró. Su tono me dio escalofríos. "¿Por qué?" Le devolví el susurro.

"La Dama Blanca se queda allí". "¿Quién?"

"Dicen que los niños y a veces las mujeres desaparecen después de verla". No dijo mucho más, sin embargo, en otra ocasión me dijo: "Los nativos hablan de Taotaomona en la selva". Si no lo mencionaba antes, había mucha selva en la que estos espíritus de la naturaleza podían esconderse. "Te pellizcan y te dejan grandes moratones azules". Y continuó: "Son enormes y dan miedo".

No me di cuenta entonces de que "mi bebé" intentaba advertirme y protegerme.

Siguió hablando de la vida salvaje de la isla, y de los perros boonie salvajes, en libertad. La gente encontró una forma de escapar del alto precio de devolver a su amada mascota. Como ya he dicho, había mucha selva, lugares solitarios y desiertos, demasiado espesos y oscuros para que el observador casual pudiera detectar sus acciones. Allí se soltaban perros y gatos en estos bosques.

Era bueno saberlo, ya que desde que llegué a la isla había empezado a dar paseos nocturnos. La vida en la base era tranquila y el aire templado de la noche más fresco que el del día. Era "tiempo para mí" en el lenguaje actual. Podía relajarme después de limpiar la casa y cuidar de la familia. También descubrí que hacerlo, fielmente, ayudaba a mi espalda. Lo último que quería o necesitaba era que me atacaran.

Tuve un accidente muy grave cuando Marie tenía dos años. Tenía diez cuando llegamos a la isla. El accidente apenas me dejaba en pie para fregar los platos, hacer la compra era una pesadilla, los empaquetadores tenían que ayudarme en la caja y yo siempre terminaba llorando.

Además, caminar me permitía escapar de las discusiones nocturnas, es decir, cuando no me ignoraban con todos los juguetes electrónicos a todo volumen. La idea de que me viera un quiropráctico, justo después del accidente, fue un gran estallido. En consecuencia, me quedé sin tratamiento y en la miseria.

Por la noche, las calles estaban tranquilas, pero no vacías. De vez en cuando, un cangrejo de los cocoteros se escabullía por el asfalto y, a veces, ¡se subía a un árbol! Los murciélagos de la fruta llamados Yigo (gee-go), como el nombre del pueblo, pasaban volando.

Aunque estas criaturas estaban al alcance de los emprendedores, los nativos pagaban una autentica fortuna por comerlos. La frugalidad no parecía ser conocida, y si los rumores sobre los japoneses comprando tierras a seis millones el acre (eso son dólares americanos) fueran ciertos, explicaría muchas cosas. Por ejemplo, cómo mis hijos podían ir a unos grandes almacenes en Tamuning, comprar libros de comics e historietas por diez centavos cada uno en un gran contenedor, y volver para venderlos por muchas veces esa cantidad.

Se aficionaron al capitalismo y aprendieron a empujar la cortadora de césped de Fred por la calle, haciendo el meticuloso trabajo que exigían las inspecciones militares semanales. Eso les evitaba problemas y les permitía comprar lo que querían sin arruinarse. Marie era más tranquila, pero estaba muy solicitada como niñera. Los niños la adoraban y era muy responsable.

Hablando del entorno en el que nos encontrábamos, no puedo olvidarme de las serpientes arbóreas marrones.

Más finas que una hebra de espagueti, tan largas como tu dedo, estos diminutos compañeros podían entrar en cualquier cosa, y de nuevo, el control del rumor, nuestra fuente de información, buena, mala, o quizás incluso fiable. Permítanme decir aquí y ahora, el miembro militar recibió sesiones informativas, los cónyuges tenían el control de rumores. RC advirtió que estas pequeñas serpientes eran venenosas.

El control de rumores fue más activo durante la Operación Tormenta del Desierto. Con la mitad de los hombres fuera de combate, volaban los rumores sobre ciertos vecinos, sobre todo los que molestaban a los demás.

Cathy, Nancy y yo estábamos de pie en la esquina, que formaba parte del patio de Cathy. "¿Te has enterado de lo de Sue Ann?" Nancy comenzó. Admitimos que no. Cathy y yo no nos dedicábamos a los chismes, entre nosotras, pero no queríamos ser groseras, las pocas veces que otros se nos unían. "Bueno, tú sabes que su marido se embarcó el jueves, y hoy, ese joven aviador se mudó".

Sabíamos que se avecinaban problemas, el marido de Sue Ann era un sargento técnico, un rango más alto que Fred o Dan. Si se enteraba, cuando/si regresaba, la carrera del chico se acabaría, perdería una raya, incluso podría enfrentarse a una pena de cárcel.

Sue Ann, vaya, si alguna vez la conociera... su hija, Lisa, un año mayor que James, ya se estaba ganando una reputación, sí, bueno, en aquellos tiempos, la reputación de una chica no era algo bueno, y su "boca sucia" tampoco era muy apreciada.

Nancy era una reserva de sabrosos bocaditos, si te gustan ese tipo de cosas. Después de que diseccionamos la situación de Sue Ann, con todas las especulaciones exploradas, ella comenzó de nuevo: "Carol está embarazada, otra vez". Una sonrisa de suficiencia acompañó la última, y luego explicó que era su sexto embarazo.

Conocí a dos de ellos, amigos de James y David, que, junto con varios otros, se podían encontrar cualquier día en mi porche, con mis hijos y conmigo, participando en mi actividad favorita, el juego de roles. Es una forma adulta de hacer de cuenta, solo que normalmente no corremos como hacen los niños, sino que usamos papel, dados y muchos libros. Es una aventura mental y, cuando se supervisa adecuadamente, como los niños necesitan y quieren, puede ser una herramienta de enseñanza maravillosa.

¡El sexto de Carol! En ese momento, había preocupación por la superpoblación. No pensé que fuera correcto tener tantos, con tantas preocupaciones, especialmente cuando eran los vecinos quienes terminaban cuidándolos. Había un niño que conocí en Wyoming, al que recuperé, junto con mis propios hijos, del remolque del hombre equivocado, aproximadamente un par de años antes. Pensé que los padres deberían hacerse responsables de los hijos que traen al mundo. Como lo hago, a menudo terminé cuidando también de los hijos de otras personas.

Nancy terminó su discurso con una invitación para que la acompañáramos a jugar a las cartas. Su marido también se había ido a la Operación Tormenta del Desierto y, para aliviar la soledad, nos invitó a que fuéramos.

Más tarde, por la noche, después de hacer los deberes, con los niños en la cama y sus padres en sus casas, aunque no los vigilaban activamente, Cathy y yo sentimos que era seguro salir.

No fue difícil encontrar la casa de Nancy. Estaba a dos puertas del centro juvenil. Como la mayoría de las instalaciones militares, Andy Sur estaba limpia y ordenada. Por eso, muchos ex soldados me han dicho en los años siguientes que volverían a entrar, al igual que yo, en un abrir y cerrar de ojos, si no fuera por mi salud y mis heridas.

Inmediatamente, cuando llamamos a la puerta, Nancy abrió. Vestía un caftán azul verdoso muy cómodo, con una copa de vino medio llena de un intenso líquido rojo. Nos hizo un gesto para que entráramos, indicándonos el camino a su cocina con dicha copa de vino, y pronto nos sentamos en cómodas sillas abovedadas, cada uno con su propia copa. Está bien, el juego era una excusa, nos divertimos, riéndonos y bebiendo, y de vez en cuando eligiendo una carta.

Los chismes eran el oficio de Nancy, y tenía cosas jugosas, pero si esperaba que se difundieran, no éramos los agentes adecuados. Cathy era demasiado buena como para hablar mal de nadie. No conocía a muchos, aparte de estos dos, y realmente pensaba que uno debería ocuparse de sus propios asuntos. Algo así como "No juzgues, para que no sean juzgados". Nadie es perfecto. Sin embargo, no rechazo una oferta de amistad, hay muy pocos en este mundo.

Bebimos unos cuantos tragos más mientras jugábamos, y luego Nancy anunció: "¿Oíste que la hija de Judy se va a casar?".

"¡No!", Cathy se animó, aparentemente la conocía bien.

Nancy captó la señal y divulgó que lo sabía. "¡Estará en la próxima reunión del club de esposas de suboficiales con invitaciones!".

Maravilloso, algo diferente y emocionante. Yo sabía cómo era Judy.

Habíamos jugado a Bonko algunas veces en su casa, pero no éramos muy cercanas.

Después de un par de manos y vasos más (no los contaba), Cathy se puso de pie tambaleándose. "Me tengo que ir", dijo arrastrando las palabras. Aparentemente, Nancy estaba más acostumbrada a esto que nosotros, era un poco más elegante cuando se ponía de pie. Nos acompañó a la puerta. Cathy y yo estábamos solas.

Por suerte, Cathy tiene mejor sentido de la orientación que yo, aunque no mejor tolerancia. Para mantener el equilibrio, nos abrazamos, afortunadamente, porque de lo contrario habríamos tropezado más a menudo. Lo dejaré aquí, para no avergonzar a quien no podía sujetar las cosas, y milagrosamente, llegamos a casa, sin despertar a nadie, pero luego, cuando llegó el momento de mi familia, los temblores de tierra que sacudieron el hotel en Okinawa no lo hicieron. Yo estaba bien.

Cathy y yo hicimos un pacto en estado de ebriedad sobre "Los amigos te sostienen cuando estás borracho y los mejores amigos te ayudan a enterrar...", que sellamos con muchas risas antes de irnos a dormir a nuestras casas.

CAPÍTULO CINCO

NO HACE FALTA DECIR QUE CATHY Y YO éramos casi insep-
arables. Pasábamos casi todos los días juntas, lo hacíamos todo juntas e incluso nos quejábamos juntas de nuestros maridos. Una queja
común era la lamentable falta de dinero—ella, por la indignidad de
tener que mendigar dinero para los refrescos, y yo, porque mis ganan-
cias del bingo desaparecían de mi bolso.

Aquí encontramos diferentes soluciones, cada una según sus
propios intereses.

Cathy se formó en puericultura para poder abrir su propio centro, a pesar de la lucha planteada por Dan.

Como yo me lesioné en un feo accidente de auto, hace más
de diez años, lo que todavía me molesta, elegí un camino menos
intensivo físicamente. Como había sido técnico de radares y había
trabajado con computadoras, entonces hacia allí dirigí mi búsqueda.

Antes de que ninguno de los dos pudiera darse cuenta de nuestra elección profesional, ¡los encontré! Vale, vale, a él, ¡otro friki de los
videojuegos! Vivía en Andy Sur, ¡a sólo unas manzanas de distancia!

Muy bien, antes de que digas otra palabra, no sólo es la nar-
ración, y yo siempre, desde que aprendí a escribir, quería ser una
narradora. Tenía una pequeña montaña de cuadernos llenos de todo
tipo de historias— sobre todo de exploración espacial, encuentros
con alienígenas, invasiones hostiles de robots, ya sabes, la carne y
las patatas de la ciencia ficción. Vaya, ¿te he perdido? No pasa nada.
También me encanta la gente normal y corriente.

Bueno, hay otra cosa, es la hora social para nosotros. Quiero decir, no podemos tener Salsa sonando todas las noches, tiende a mantener los vecinos encima de ti, además Fred no podía bailar Salsa (al menos nunca lo intentó). Desde que dejé Connecticut, ya no podía viajar a Nueva York, con los padres, para salir de fiesta hasta el amanecer, reunirme con los amigos, esperar a que abriera el local con el payaso y, después de desayunar, volver a unirme a una fiesta en otro lugar. Entonces, ¿qué otra cosa había? Además, tampoco había conocido aún a otro friki que supiera bailes latinos.

Así que, a este chico nuevo, por supuesto, lo llamé y vendría el fin de semana.

Fui corriendo a casa de Cathy a contárselo, aún no sé si lo entendió, pero ella también se alegró por mí. Ahora, tengo que explicar (chico, esto me hace sentir vieja), de vuelta en el día, los jugadores eran una fracción mucho menor de la población. Además, menos del 1% eran chicas. Me ruboriza decirlo, siempre he sido una pionera, ya sabes, espero, como el credo de la Star Trek original, sólo que sustituyendo (donde ninguna chica...) por "Donde ningún hombre... ha ido antes".

Ahora, relájate, acabo de perder la cabeza allí. Esto no es sólo una historia sobre nosotros sentados en un sótano oscuro y lúgubre, de verdad, ¿parezco de ese tipo? No es por alardear, pero en la Escuela Técnica de Radares de Biloxi, Mississippi, podía quitarme la gorra, dar un manotazo al tipo que me silbaba y volver a ponérmela con bastante rapidez. Aunque eso sólo hacía que silbaran más fuerte... Hmmm, hombres.

Gene llegó a tiempo. Los jugadores de entonces no se regían por el horario de la isla, un horario que nosotros, mis actuales amigos y yo, admitimos con culpa que se retrasa al menos un par de horas. Así que, por aquel entonces, nos aventurábamos más. Fue educado y saludó a Fred. No voy a entrar en detalles de cómo había saludado al último amigo jugador que había conocido.

Bien, nada de fuegos artificiales. Tranquilos, Gene y yo nos dispusimos a jugar. Fred siempre estaba invitado, pero había perdido el interés hacía años.

Con todo esto resuelto, pasé a Gene por la picadora de carne, tomando prestado el estilo argumental de mi favorito, ERB— "de la sartén al fuego". Burroughs, autor de Tarzán, y muchos más, que mantenía a sus héroes ocupados con un sinfín de peligros e intrigas que mantienen las cosas en movimiento y al lector despierto.

De alguna manera, no me sorprendió cuando vino de vuelta la próxima semana, parece que entre más mala soy, más quieren volver. De todos modos, nos hicimos amigos, y algo bueno también.

Durante las semanas intermedias, compré un auto boonie a un reverendo que vivía a sólo un par de cuadras de distancia.

El precio era correcto, 150 dólares. Ajá..., ¿por un vehículo de trabajo? ¿Verdad?

Permítanme decir, yo no conocía al hombre, quiero decir reverendo, nunca asistí a su iglesia. ¿me entiendes?

A la semana estaba conduciendo cuesta arriba, haciendo diligencias, pasando por el pueblo de Maite, no lo sabía en ese momento, pero pronto lo averiguaría.

Así que llegué a la cima de estas, ¿cómo las llaman en estas islas? Sí, claro... montañas. Empecé a bajar por el otro lado, y cuando me di cuenta de algo extraño ... tocar, los frenos funcionaban. Quiero decir, no redujo la velocidad del auto...

En absoluto.

¿He mencionado algo sobre el miedo a las alturas?

El auto se deslizó hasta el semáforo, y yo había perdido el control. Aunque no se trataba de una vía principal, la idea de estrellarme contra otro auto, o volcar, y caer por la ladera de esta montaña era impensable.

Tú nunca has visto a una mulata isleña volverse blanca.

Creo que en ese momento recordé todas las oraciones que nunca me enseñaron y que no he usado en años.

Con rápidos reflejos, tiré del volante en la dirección de menos tráfico.

Hice un uso intensivo de los frenos de emergencia.

Aunque Maite no estaba lejos, parecían un millón de kilómetros hasta Dededo, y Andy Sur.

Puede que te sientas aliviado al saber que llegué a casa, al menos hasta la entrada. Sin embargo, mis piernas que parecían de goma me dieron algunos problemas.

Por supuesto, no podía decírselo a Fred. La primera vez que admití esta debilidad, él rápidamente adaptó Camelback Mountain en Phoenix, Arizona, donde nacieron los niños, como un lugar favorito para las citas. Si todavía estuviéramos saliendo, entonces, él habría sido un ex novio antes en lugar de un ex esposo mucho después.

"¡Tienes que estar bromeando!", exclamó Cathy mientras me servía un vaso de refresco frío. Estaba demasiado conmocionada para hacerlo por mí misma. "Creo que deberías ir a hablar con él".

"Sí, vamos". Me levanté para ir a casa y cerrar. Tenía que buscar los zapatos del bebé, la niña tenía casi dos años y, por supuesto, podía caminar, aunque a Cathy le resultó más fácil simplemente cargarla.

La casa no estaba tan lejos y caminamos. Encontramos el lugar, limpio... vacío.

¿Esperó hasta que yo llegara a casa antes de mudarse?

Por suerte, Gene vino a jugar un par de días después. He aprendido a ser directa con los chicos, así que le pregunté: "¿Sabes de autos?". En aquel entonces, todos los hombres, e incluso algunas mujeres, como mi amiga Sue, que me convenció de alistarme en primer lugar, sabían de autos.

"Claro", respondió, "¿Qué necesitas?". "¿Puedes mirar mis frenos?". "Veamos tu auto", me dijo.

Cuando lo llevé a ver el "Franken-buggy", llamado así porque no solo era blanco y oxidado, estaba muy oxidado y tenía un cierre para los dedos en el maletero, sino que tenía dos pernos, pero a diferencia de su homónimo, estos eran para sujetar el capó.

"Necesitamos algunas piezas", dijo con cierta vacilación mientras lo miraba. Si no fuera un compañero soldado, estoy segura de que se habría reído. Créeme, aprendes a no reírte, sin importar cuánto lo desees. Puede que estuviera tratando de no herir mis sentimientos. No me importaba, sabía que era feo.

"Está bien, ¿cuánto?". Nunca quise pasar por eso otra vez y estaba dispuesta a pagar lo que fuera. Lo arreglamos. No preguntes si pagué, es muy posible que no, sigo diciendo que era un mundo diferente entonces.

Al día siguiente era sábado, Gene pasó un par de horas debajo del vehículo. Salí con limonada. Estaba de pie junto al auto, pensativo. Al verme, simplemente dijo: "Extiende tus manos". Dejé los vasos y extendí mis manos. No sabía qué esperar. Cuando vertió un polvo naranja rojizo en ellos, no tenía idea. "¿Qué es esto?".

Estaba bastante sombrío. "Tus frenos".

No sabía si estaba más asustada o enojada, pero la rata, perdón, el reverendo se había escapado.

En algún momento durante el primer año, estaba buscando una manera de ganar dinero y vi un anuncio para una niñera en una iglesia. Esto es algo que he hecho en Okinawa, en una base de la Marina. Funcionó de maravilla. Al igual que Cathy, amo a los niños y pude tener a los míos conmigo. Me alegré de encontrar esto y me aventuré a Harmon para solicitarlo.

Había tres veces más niños de los que había cuidado antes. Todo lo que necesitaba (meriendas, pañales y juguetes) estaba provisto, así que me acomodé para cuidarlos.

Las cosas iban bien durante unas semanas, cuando la junta de la iglesia decidió, con, estoy segura, las más amorosas intenciones, instalar un altavoz en la guardería, para que no me perdiera los servicios. Les agradecí y el agradecimiento duró...

Duró hasta que realmente tuve la oportunidad de escuchar los sermones.

La religión que sigo fue fundada por un hombre, tal vez el más famoso de toda la historia, que predicó el amor. El amor era la base de cada parábola, cada vez que iba a sanar a los enfermos, a hacer caminar a los cojos y a convertir el agua en vino. Mi fe fue el primer brote de ese momento en que comenzó hace dos mil años. El amor fue su motivación cuando entregó su vida por todos nosotros.

El amor es algo que creo que se debe difundir: cuanto más das, más tienes.

Imagínense cómo me sentí cuando me di cuenta de que los sermones que esta congregación, que se sentía obligada a compartir conmigo eran quince minutos o más, todos los domingos, criticando a mi iglesia. Las quejas son una cosa, todo el mundo las tiene, pero criticar, decir cosas despectivas repetidamente, sin darle al otro la oportunidad de presentar su versión, no es justo.

Estoy segura de que mi iglesia, al estar dirigida por humanos, no es perfecta, pero no se merecía esto.

No era amorosa. Después de un par de semanas más, fui a ver al pastor, me disculpé por tener otras obligaciones y me marché.

CAPÍTULO SEIS

EN REALIDAD, ANTES DE CONOCER A GENE, yo era una especie de miembro de la SCA, sí, completamente una friki, aunque no estoy segura de si la Society for Creative Anachronism también se considera friki, pero son otro grupo de amantes de la diversión. Con el primer grupo tuvimos unas cuantas reuniones. Recuerdo que teníamos varios miembros llamados Sean, Shaun, Shawn, en todas las diversas formas en que se escribe tú. Hoy me han dicho qué disciplina psicológica podría ayudarme a recordar más. Sin embargo, te aseguro que, si fuera más emocionante, tú lo harías.

Así que, aunque no puedo decir exactamente cómo empezó el segundo grupo, sí puedo decir que estábamos en la base naval. Ian, un escocés alto y delgado, sargento de artillería (bueno, tenía tantos galones como nuestros sargentos técnicos, un grado superior al de Fred), estaba de pie en el patio delantero, sembrado de todo tipo de objetos. Junto a él había varios hombres, tanto de la fuerza aérea como de la marina, tal vez uno o dos infantes de marina. Nadie llevaba uniforme, a no ser que cuentes las armaduras caseras, los trozos de piel falsa y las mujeres que entraban en la casa con atuendos pseudomedievales.

Por supuesto, mis hijos estaban acostumbrados a los inusuales pasatiempos de mamá. Aunque ponían los ojos en blanco ante la idea de asistir, no se quedaban en casa. Otros niños pueden o no estar allí, nunca he visto a ninguno, a excepción de "Girl Shaun" del último grupo. No me preocupé por eso, esto era para mí. Podían quedarse con su padre, excepto, creo, que los chicos podrían haber recordado las prácticas con espadas de Okinawa, y podrían haberlas encontrado secretamente excitantes.

Ian supervisaba la fabricación de armaduras y espadas, sabía dónde conseguir las mejores ofertas en palos de bambú, guardaba cajas de papel de periódico y toda la cinta aislante que necesitaras. Él y el mariscal estaban ocupados instruyendo a los novatos en la forma reglamentaria de fabricar una espada, para evitar lesiones graves. Habiendo blandido yo misma una espada, puedo decir de primera mano que el impacto, aunque no corte, sigue doliendo como toda perdición.

Sue, la regordeta y agradable esposa de Ian, agitaba un cucharón a todo el que pasaba por su cocina a modo de saludo. Era la reina indiscutible en su cocina, cualquiera que entrara era agasajado con comida de la Edad Media o puesto a trabajar. No era difícil imaginarla en un inmenso castillo, manteniendo todo en orden. Eso es exactamente lo que hacía, aunque uno podría confundirlo erróneamente con el caos más absoluto. Los "gosling", jóvenes, no más altos que la cintura, todavía bajo la jurisdicción de sus padres, es decir, niños, vestidos con talabartería, sus dos pequeños "towheaded" (towheaded, una palabra nueva para mí, significa tan rubio que es blanco) eran lo suficientemente disciplinados como para seguir la línea y causar estragos fuera.

Mis tres hijos vieron el gran patio trasero, una parte dividida para practicar la lucha y otra que daba al campo común que compartían los cuatro edificios de casas adosadas. Había otros niños en los columpios y en la cancha de baloncesto, y corrieron a reunirse con ellos.

Pronto me encontré en su sala de estar. Había muebles, en alguna parte, "guerreros" entrando y saliendo, y las señoras, afanadas en disponer la comida en la amplia cocina. Sí, por alguna razón, esto era lo suficientemente grande, no sólo para la preparación de alimentos, pero las dos mesas, en este caso, estaban cargadas de todo tipo de cosas de comida, sin embargo, de alguna manera, se las arreglaron para poner más. Un par de los gatos negros más hermosos se frotaban contra las piernas de cualquiera que estuviera quieto, dejándose acariciar y querer. Sus cinco gatitos asomaban por debajo de la mesa más pequeña, también cubierta por completo, por... Dios, no creo que se haya ordenado nunca.

Cuando se entraba en el salón, había que tener cuidado de no derribar la torre de cajas muñecas "Barbie" que llegaba hasta el techo. Junto con la cocina y el entretenimiento, ésta era la pasión no tan secreta de Sue.

No llegué a conocer bien a todo el mundo, el grupo cambiaba constantemente de tamaño y composición.

Cuando conoces a tantos, todos a la vez, te lleva tiempo clasificarlos. Había una joven muy simpática que resultó ser profesora, no tengo ni idea de cómo o si estaba relacionada con el ejército o si simplemente era amiga de la familia. Creo que modelé uno de mis personajes a partir de ella, una valquiria alta, rubia y pechugona que blandía una espada de arcilla (vale, ya sé que es mezclar un poco las culturas, pero ya te haces una idea). Bueno, Kate tenía el pelo más castaño y era tan dulce que sería difícil imaginarla con el código de conducta de las guerreras vikingas. Resultó que, varios meses después, estaba enamorada en secreto de nuestro mejor luchador, y mi némesis.

Su nombre de sociedad era Ogro (lo cambié un poco). Era un tipo grande, y mencioné que era sin duda nuestro mejor luchador. Nadie podía enfrentarse a él, y era un bromista horrible. Al enterarse de que mi lengua materna era el francés, procedió inmediatamente a destrozar esa hermosa lengua. A cambio, yo ponía el puño en la cadera y "¡Barbar sauvage!". exclamaba. "Cuando tenga un campeón, te machacará a ti", le prometía.

Por supuesto, esto le preocupaba mucho y me insultaba. "Eres una zorra francesa descarada", me respondía para diversión de todos. Esta conversación duró casi tanto como yo estuve en la isla. Todos los miembros, a medida que se unían al grupo, seguían este intercambio con gran interés.

CAPÍTULO SIETE

HICE ALGUNA CAPACITACIÓN EN una de las oficinas guber-
namentales, en la base, manejando, entre otros, las computadoras
Unisys. Eran de los que tenían dos cintas gigantescas en las que se
almacenaba mucha información. La placa de circuito impreso era
aun relativamente nueva, al igual que el chip. Al igual que cuando
debutó la televisión en color, pocos los tuvieron y luego unos cuantos
más, y poco a poco, antes de que te dieras cuenta, todo el mundo
tenía uno, eso llevó unos diez años. La computadora personal estaba
abriendo nuevos caminos de forma similar.

Para no quedarnos atrás, teníamos un Commodore.

No te preocupes si no sabes a qué me refiero, puede que algún
día veas todo esto en algún museo.

Trabajar en una oficina era diferente, de alguna manera. No
había kilómetros y kilómetros de desierto con matorrales de salvia, ni
cactus saguaro elevándose casi cinco pisos o más por encima. ¿Ningún
puma que saltar de nuestro vehículo para... acariciar? Gracias a Dios,
se escapó. (¿He mencionado lo salvajes y locos que éramos?) En cambio, el trabajo de oficina era un poco, eeehm... confinado.

Debbie era chamorra y la jefa de la oficina. Era bastante
simpática, más parecida a algunos de los "vieux monde", la gente
vieja, como decía mi generación (aunque nacimos en la misma isla),
llamábamos a nuestras tías y tíos. Parece que nunca son capaces de
captar nuevas ideas. Debbie era un poco diferente, tenía que saber
algo de tecnología, eso pensé. Me enseñó los pasos básicos y me dejó
hacer, mientras ella supervisaba.

Era la hora de comer del día miércoles. Pat, la otra esposa de militar estadounidense, tenía que irse temprano, y yo iba a quedarme sola con las dos nativas.

Debbie hojeaba un catálogo. Las mujeres son iguales en todo el mundo. Yo estaba comiendo una bolsa de comida que había hecho esa mañana. Sé cómo se sentían, lo había visto en las películas, la mirada de lástima que lanzaban a los que no podían permitirse..., poco sabían, mi padre era médico, y al crecer, nunca me quedé sin nada, y me aseguré de que mis hijos tampoco lo hicieran. Podría contarte historias de lo que he tenido que hacer para asegurarme de que no lo hicieran, pero esto va de mis aventuras/desventuras en esta isla.

"Lanía", maldijo, "mira este vestido". Hizo ese sonido chirriante normalmente de disgusto. "¿Dónde esperan que vaya la gente con estas cosas?".

La otra mujer que también era chamorro, Claire, se acercó a mirar por encima del hombro. Su intercambio, si fuera en nuestro dialecto, la jerga de mi pueblo, ¡estas dos podrían haber sido mis primas! La gente es igual en todas partes.

No acertaron a decir mi nombre. Un grupo muy pequeño se tomó el tiempo y realmente escuchó la pronunciación, mis padres, por supuesto tienen que ser contados, que no dejó a muchos más. Así que... "Dee", Debbie empezó después de una breve conversación con Claire. (Siento interponer estas notas tan frecuentes, pero puede que mucho de esto no te resulte familiar. Bueno, me había imaginado que la gente de un país tan alejado del CONUS, o Estados Unidos continental, tendría nombres poco comunes, así que esto me dejó perpleja). "Dee, ¿qué planes tienes para este fin de semana? Es la fiesta de Santa Catalina. ¿Cómo lo vas a celebrar tú?".

¿Cómo iba a contarle lo del entrenamiento de lucha? Puede que no entienda lo divertido que era.

"No sabía que era fiesta". A ella le pareció incomprensible, y esto inició una discusión.

Sin embargo, con la mayoría de los nativos, católicos, había muchos santos cuyas fiestas se celebraban. Al ser, en su momento, una colonia española, era justo la excusa que necesitaban para festejar. Sonaba como una celebración que mis compatriotas hacen en Nueva

York, así que no hizo falta mucho argumento para convencerme de que fuera.

"Sólo tienes que conducir por la calle hasta que veas a gente haciendo barbacoas y escuches música. Todo el mundo es bienvenido".

Tenía una nueva misión en la vida: conseguir que Fred y los niños vivieran un acontecimiento latino. Si lo disfrutaba, ¿se animaría, aceptaría mejor otras culturas, quizá aprendería los bailes o algo similar de ellos?

¿Será tolerante con que enseñe a los niños mi idioma, el francés, y no gruñirá con mal humor, que otras personas hablaban inglés, en lugar de enriquecer su vida con la oportunidad que le ofrecí, al poder enseñarle?

Tal vez, proyecto mi pensamiento quiero aprender sobre otras personas, sus culturas, en fin, todo. Venir a Estados Unidos ha sido, para mí, un viaje de descubrimiento. Cualquier cosa que ofreciera la emoción de lo desconocido, como viajar, era algo que esperaba con impaciencia. Me gustaba conocer gente nueva y ofrecer mi mano en señal de amistad. Descubrí que aprendiendo las palabras de cortesía en otro idioma se abrían puertas. A pesar de todo lo que oía o leía sobre el "mundo real", una sonrisa y un saludo amistoso disipaban muchas cosas.

Mi padre tenía miedo cuando me alisté. El clima contra las minorías no era bueno, pero aun así seguí adelante con valentía, iluminando el camino con mi sonrisa.

Puede que la fortuna favorezca a los audaces, como dice el refrán, pero no a los necios.

Había oído hablar de ser firme. Mostrar un poco de dureza bajo la dulzura también es necesario. Nunca sabes a qué te vas a enfrentar tú.

Bueno, le conté a Fred sobre las festividades que se avecinaban. "Hmmm", fue su respuesta evasiva a la parte de todos los que eran bienvenidos. Había elegido cuidadosamente mis palabras, esperando que le interesara. Ese fin de semana me encontré conduciendo por una calle lateral, sola.

Creo que todos somos embajadores de otras culturas. En consecuencia, comí buena comida, bailé y la música era salsa y algo más. Estas personas habían agregado su propio sabor. Fue divertido. Hay mucho para disfrutar en la vida, pero aunque realmente quiero hacerlo, sé que no puedo probarlo todo.

CAPÍTULO OCHO

ESTUVE TRABAJANDO EN ESA oficina durante un par de meses cuando estaba en casa una noche, viendo la televisión. Estaba pasando un comercial de contraventanas para tifones. Una linda y regordeta chica chamorro estaba mostrando las mercancías, y mientras pasaba el anuncio, en la parte inferior, casi donde se podía ignorar, había un anuncio de búsqueda de personal.

Sin perder tiempo, anoté el número de teléfono. A la mañana siguiente, cuando ya sabía que la mayoría de los negocios abrían, llamé.

"CME", respondió una agradable voz chamorro con un ligero acento. "¿En qué puedo ayudarle?"

"Hola", respondí, "vi su anuncio ayer, ¿hay un puesto vacante?" La voz sonaba joven, alegre y con un ligero acento.

"Sí". Ella dudó un poco. "Hay una prueba".

¿Una prueba? Eso es inusual, pero sonaba prometedor, siempre me ha ido bien en las pruebas. "Genial", respondí. "¿Puedo ir a una entrevista?" "¡Oh!", se sorprendió. "Claro. ¿Puedes venir mañana?"

Su tono cambió a alivio, tal vez porque no me molestaba la idea de una prueba. En cualquier caso, estaba eufórica. Después de la lenta economía de Wyoming a fines de la década de 1980, esto era genial, inesperado.

Acordamos una hora y me dieron instrucciones. No estaba familiarizada con Tamuning, pero ella me aseguró que lo encontraría. No susurré, "Ni hablar", pero fui agradable. "Hafa Adai". Terminamos la llamada.

Se lo dije a Fred y me respondió con un gruñido. Los niños estaban más entusiasmados, saltaban por la casa y salían corriendo poco después.

Podía contar con que Cathy recibiría la noticia con alegría y preguntas interesadas. "¿Cuánto están pagando?" fue una de las preguntas principales. Tenía bocadillos y refrescos dietéticos para celebrar, nada de humo— Dan llegaría pronto.

"¿Qué hace el lugar?" Tenía un repertorio de bocadillos deliciosos, de todos sus programas favoritos, que me costaría mucho nombrarlos todos, pero agradecí su diligencia y devoción.

"Persianas para tifones", respondí, sin estar muy segura de qué eran. "Ayer tuvieron un anuncio en la televisión".

"Ah, sí, las veo todo el tiempo. Buen lugar para ese negocio". Nos reímos a carcajadas. Después de hablarlo un rato, no sabía en qué me estaba metiendo, pero la vida es una aventura... Su repertorio de bocadillos deliciosos era considerable, y puede que haya recuperado algunas curvas más de las que he estado tratando de deshacerme. Espero que no, que, por cierto, fue la razón por la que hacía caminatas nocturnas.

Hablamos del nuevo trabajo con toda la debida diligencia y rápidamente, cambiamos el tema a nuestros hijos y maridos.

Cómo encontré el lugar al día siguiente fue un misterio, excepto que solo había un camino desde Dededo a Tamuning, y cuando había una calle lateral que bajaba la colina hacia Oceanside, la evité prudentemente. La calle cuyo nombre me dio la chica por teléfono era afortunadamente corta. El restaurante vietnamita junto a la entrada del estacionamiento estaba al otro lado del camino de una casa de campo, con pájaros de jardín picoteando la grava entre los autos. No era la primera vez que me alejaba de CONUS desde que llegué de niña, pero era la primera vez que veía gallinas en el lugar de trabajo, aunque eso era solo afuera.

El interior de la tienda era diferente, hombres y mujeres estaban ocupados, los hombres con ropa de trabajo, por supuesto, se usaban jeans casi sin excepción. Las mujeres estaban vestidas más como había visto entre los trabajadores de oficina antes de alistarme, vestidos o falda y blusa hechos de lo que se consideraba apropiado.

Un escritorio grande flanqueado por archivadores dominaba la sala principal, y sentada detrás del escritorio estaba una pequeña niña chamorro. Como los de raza pura son un poco más altos y robustos, podía decir que tenía una herencia mixta. "¿Puedo ayudarte?" Ella era profesional y educada.

"Llamé ayer, ¿por una solicitud de trabajo?"

"Sí, lo recuerdo". Estaba sonriendo. "¿Te dije que habría una prueba?"

"Genial". Mi respuesta entusiasta la hizo parecer confundida. "Sígueme".

Ella me guió hacia una puerta. A primera vista, creí que era el armario, pero resultó ser la escalera. El descanso se abría para cubrir la mitad del primer piso, rodeado por las medias paredes de cristal que se hicieron populares, pero no creo que me acostumbre nunca. Sin embargo, como en la fuerza aérea. No quería desperdiciar mis posibilidades, así que me mordí la lengua. La seguí hasta una mesa plegable cerca de la pared que daba a la sala principal de abajo. He visto muchos cómics caer desde esa altura y sobrevivir, pero tampoco planeaba probar esa teoría.

Esperó a que me sentara, antes de preguntarme mi nombre y "¿Estás lista para la prueba?

"Por supuesto", cuando estás a punto de ir a la universidad, y yo pasé seis años, antes y después con el GI Bill, hacer exámenes era algo que simplemente hacía. Ella me entregó los papeles y me preguntó si tenía alguna pregunta. Nunca supe qué responder a eso. Estudié mucho para aprender inglés, me especialicé en el idioma en mi tercer y cuarto año, leí muchos libros, especialmente los géneros que he indicado, los que usan términos técnicos e inusuales, solo para saber lo que se estaba diciendo.

Al principio, porque el inglés como segunda lengua para niños extranjeros no existía hasta que ya había terminado la escuela secundaria, tal vez incluso ya era madre, algunos años después. En realidad, era más para que nadie se riera de mi mala pronunciación como sucedería en la escuela.

Me dejó sola, y comencé a trabajar en la prueba. Cuando terminé y entregué mi hoja, me dio las gracias y luego me fui. Bueno, ¿qué podía haber esperado?

Cathy me dio la bienvenida a casa con refrescos fríos y preguntas, no tenía nada más que hacer que esperar.

Antes de que terminara la semana, sonó el teléfono. "Hola, soy Beverley", dudó, "de CME..."

Respondí: "¿Sí? ¿Cómo estás?" Me dijo, "¿Podrías venir?" y yo le respondí, "Sí, ¿Cuándo quieres verme?"; "¿Podrías venir mañana?" Esto fue inesperado, tan rápido, pensé. "Seguro, ¿a qué hora?" Cuando eso estuvo resuelto, me preparé. Después de Wyoming, me alegré de tener esta cercanía.

El trabajo de oficina que estaba haciendo era un programa para ayudar a los cónyuges y el plazo expiraba pronto.

Esta segunda visita fue algo diferente. Beverley estaba sonriendo y me presentó al jefe, un caballero chino, con quien tuve una breve conversación, antes de que me despidiera con la mano para que me fuera con Beverley. Luego ella me llevó a dar una vuelta. Me encontré con la joven que protagonizaba los anuncios, antes de que me dejara con el hombre que era supervisor del personal de la oficina. Al igual que el dueño, también era chino. Sintió la necesidad de decirme que era chino, nacido en Vietnam, varias veces en el transcurso de las siguientes semanas. Durante las primeras semanas, yo era una simple empleada de oficina más que mecanografiaba propuestas cuando los clientes querían productos de vidrio y aluminio, desde el tipo de barandilla que describí que estaban en el área del almuerzo con vista a la sala principal, hasta las ventanas tintadas de los súper hoteles de más de veinte pisos. CME representaba el 75 por ciento de los negocios de la isla. Básicamente, me dijeron que simplemente "jugara con la computadora", una Apple que, en ese momento, era una tecnología bastante nueva, más nueva incluso que la Commodore, con la que Fred estaba satisfecho. Hasta entonces, solo había oído hablar de la Apple. Me pareció más "fácil de usar" que la portátil que usaba como vendedora de seguros, que funcionaba con discos, pero también con DOS, que traté de descifrar y usar en vano.

Pronto, me pidieron que cobrara dinero y, en pocos días, descubrí que era el mayor porcentaje de mi trabajo. Casi todo se estaba asentando en una rutina, es decir, hasta que una noche llegué a casa y, en mis paseos nocturnos, a veces James me acompañaba. Nada parecía fuera de lo normal, hasta que noté las tiendas de campaña de color verde oliva que usaban los soldados en fila y más filas, llenando los campos llenos de matorrales entre las casas adosadas del área de viviendas y el pequeño BX.

Esta vez, James no estaba conmigo para explicarme lo que estaba pasando.

Había algo sobre un juego al que fue a jugar. Entonces, me apresuré a ir a casa de Cathy.

Dan abrió. "Cathy", gritó, "¡Dee aquí!"

El vestíbulo estaba al lado de la cocina, y ella salió, limpiándose las manos en su delantal. "Hola", me saludó, y las dos nos retiramos al comedor. "¿Escuchaste las noticias?", comenzó diciendo. "No, ¿qué?" Para entonces, teníamos nuestras bebidas favoritas, con hielo frío frente a nosotras. Ella había estado en el proceso de lavar los platos, por lo que la cena ya estaba recogida, y las niñas estaban haciendo la tarea, desparramadas frente al televisor, cerca del sillón reclinable de su padre. La mía estaría haciendo lo mismo.

"Mt. Pinatubo en Filipinas entró en erupción hoy... "

Ella me llamó la atención, pero ¿qué tiene que ver eso con que estemos tan lejos?

"¿Sí?", pregunté.

Aparentemente, eso no le interesó lo suficiente porque continuó, "Están evacuando a nuestra gente, de las bases, por aquí".

"¿Quieres decir que por eso está la ciudad de tiendas de campaña junto al BX?". "Entonces, ¿quieres decir que los viste?".

"Sí, es difícil no verlo". Ya había visto esto antes, en las películas, generalmente películas de guerra.

"Emocionante, ¿eh?".

Le devolví la sonrisa. Emocionante es que te pasen por encima los aviones de combate, el día que decidiste atravesar Kadena, AFB, en la carretera cerca del aeródromo de Okinawa. A decir verdad, cuando Fred estaba "en la alfombra" con su primer sargento (yo era un civil en ese entonces, y un "dependiente", así que él recibió la culpa de que entrara en pánico y acelerara. Él tuvo el momento más "emocionante".)

Bueno, yo era joven entonces. Estos desastres todavía eran algo lejanos, emocionalmente, para mí. Tenía mucho que aprender.

Sin embargo, ahora íbamos a tener invitados por un tiempo. Cuando las personas tienen que ceder espacio para acomodar a otros, usualmente hay algunos inconvenientes, excepto en la base. El ejército es una entidad bien dirigida y organizada, a pesar de todas nuestras estúpidas bromas. Ha tenido más de doscientos años para perfeccionar sus sistemas. Atienden a su gente, mañana, tarde y noche. No es de extrañar que sean ellos los que respondan a este tipo de emergencias.

Excepto por las colas reales en el BX, bueno... dos personas delante de ti (que nunca estuvieron allí antes) podría llamarse una cola. En cualquier caso, este BX era más una comodidad que una tienda de comestibles o de ropa. Como toda esta gente adicional, sin transporte propio, necesitaría comprar cosas, se añadieron autobuses adicionales a Anderson. Rápidamente se montaron parrillas abiertas para darles de comer.

Los militares estaban acostumbrados a que se les pidieran sacrificios e inconvenientes, por lo que desarrollaron mecanismos de adaptación. Aprendieron a hablar con extraños, a ofrecerse a ayudar, a jugar bromas, y no todas de "humor negro". Demostraron lo adaptables que pueden ser los seres humanos.

Ahora bien, como civil, yo no tenía nada que ver con toda esta operación. No vi ningún sitio donde ofrecerme como voluntaria. Por supuesto, cuando nos encontrábamos con alguno de los recién llegados, éramos amables y serviciales si podíamos serlo. Ya que, algunos de los hombres jóvenes, cuando se encontraban en tierras extranjeras, frecuentemente se casaban con chicas locales. Desgraciadamente, a veces, esto suponía una barrera lingüística, que dificultaba un poco la situación.

A diferencia de Okinawa, donde me compré un libro de frases y pude luchar con las palabras de cortesía de ese único idioma, yo no tenía ni idea de lo que se hablaba ni de dónde se podía conseguir un libro de frases. Más tarde me enteré de que tenían unos ochenta dialectos, ¡cuando no idiomas! Entonces entenderás. Obtuve mucha información del control de rumores, la PC estaba en pañales. No había forma de comprobar estos hechos, si te enteras de algo diferente a lo que yo he aprendido.

Como realmente no tenía nada que hacer con los evacuados, les deseé lo mejor.

Mientras tanto, en el CME —dado a la tarea de llamar a la gente que aún no había pagado—, junto con todos los demás oficinistas, cuando no teníamos otra cosa que hacer, decidí —ahora que sabía algo sobre crear archivos, almacenarlos y algunas otras funciones informáticas— que hoy damos por sentadas. Organicé las deudas y establecí protocolos, que es un sistema para llamar.

Los nuevos una vez, treinta días de retraso: semanalmente, sesenta días más a menudo...Creo que ya te haces una idea.

Desde el principio, Beverly me pareció bastante cordial. Ella almorzaba encima de la "sala de exposiciones": así se llamaba la gran sección de la sala principal. Cuando fui allí a comer, me invitó a unirme a ella. Teníamos algunas cosas en común: a las dos nos gustaba leer. Mientras a mí me gustaba hacer muchas cosas, como salir de fiesta y jugar, ella prefería acurrucarse en algún sitio con un libro. También teníamos el mismo signo zodiacal de nacimiento: ella cumplía años menos de una semana después que yo. Teníamos la suerte de ser Acuario, lo que nos daba una extraña inclinación a saltar rápidamente de un tema a otro, como la gente normal, y aun así entendernos bien. Cualquiera que se cruzara con nosotros nos miraría desconcertado antes de decirnos: "¿De qué están hablando?".

Éste era el tono normal, salvo por uno, que era un hombre corpulento. Como dije antes, los de la raza chamorro pura tienden a ser grandes, y no duros a la vista. No eran duros a la vista, es cierto, pero ahí terminaba su atractivo. Intercalaba palabras F y S en cualquier frase que me dirigía.

No quiero insultar a los neandertales que aún merodean por aquí comparándolos con este hombre.

Desgraciadamente, era un supervisor, creo que alguien me dijo que estaba en la empresa desde el principio, así que no había forma de evitarlo... Tengo un vocabulario bastante extenso en inglés y no demasiado malo en francés, hay unas cuantas cosas no tan agradables, como matón o bestia, (está bien, ¡que se comporten 1*11!), que podría calificarle.

De todos modos, Beverley y yo pasamos muchas horas de comida juntas. Pensé que era brillante, inteligente, y que iba a llegar lejos, hasta que ella dijo, después de una visita del Sr. Vile. "¿No es guapo?" Ella se sonrojó y yo me di cuenta de que era muy joven y acababa de salir de la universidad. Sobre gustos no han escrito los autores.

"Supongo". Acepté, básicamente porque era mi amiga. Por suerte, el almuerzo había terminado y teníamos que volver al trabajo. Desde luego, no podría aguantar si tuviera que mantener esta línea de conversación. La evacuación de las familias de los militares de las bases filipinas no duró mucho, unas pocas semanas, y luego todo volvió a la normalidad.

Podría decir que me sentí aliviada cuando el control de rumores no informó ningún incidente de la Dama Blanca en el campo mientras estaba ocupado. Sin embargo, durante un evento de la SCA, nosotras las mujeres estábamos ocupadas en la cocina mientras los hombres estaban en el campo de honor, con "mazas", "alabardas", "espadas" o cualquier otra variación de palos de bambú acolchados con los que podían golpearse sin sentido, utilizando el código de caballería que le daba un barniz de civilización a este pasatiempo por lo demás bárbaro y completamente divertido. Creo que mencioné que yo misma blandía una de esas espadas, por lo que recibí un fuerte golpe en el costado de la espada. Seguro que me dolió, pero lo volvería a hacer.

De todos modos, como estaba ocupada con las otras mujeres, participé en su conversación. CR, como llamaré en adelante el control de rumores, estaba en plena acción. Kate estaba hablando. Me dijo: "Uno de los profesores de Chamorro encontró algunas pistas en su escritorio y no sabía qué las había hecho". Hizo una pausa para el remate. Entonces le dije: "Fueron hechas por Brownies...", y ella me creyó". Los demás se rieron.

No sabía qué pensar sobre esto. La semana pasada, Sue estaba hablando de personas que conocía que se hicieron wiccanas, un sistema de creencias pagano moderno. Ella misma era menonita, o como decimos,

Amish-light. Los Amish son una secta cristiana muy conocida que evita las innovaciones modernas.

La gente de todas partes cree en tantas cosas diferentes. Sabemos tan poco sobre la verdad de la realidad. No creo que debamos juzgar a nadie. En Connecticut, donde éramos mayoritariamente cristianos, tenía vecinos que jugaban con una tabla Ouija. Archivé esto para mí misma y no juzgué. Ser una cultura más avanzada tecnológicamente no impidió que muchos, que he conocido, creyeran en la magia. Incluso dan lo que pueden creer que son argumentos lógicos para ello. He conocido a muchos, con creencias tan diferentes, que se burlan de los demás porque esto es, por lo tanto, un poco hipócrita. Personalmente, prefiero el enfoque "científico", muchas pruebas, y cuando los resultados son consistentemente los mismos, entonces podría ser una "ley". Sin embargo, el caso de lo esotérico, al que pertenece esto, hace que sea bastante difícil experimentar con él.

En los dos meses siguientes, el grupo de SCA dio la bienvenida a un recién llegado a su seno, un joven alto y desgarbado que actuaba de manera ridícula para reírse.

La mayoría de los otros hombres eran transitorios, un reflejo de la naturaleza de la vida militar, uno iba a donde se lo necesitaba, o eso nos dijeron antes de que nos dieran órdenes al salir de la escuela técnica, años antes. Podías conseguir una asignación "permanente", de dos, tal vez tres años, o no. Era en gran medida una apuesta de tu parte.

Descubrí que el recién llegado era hijo de un suboficial de la marina (sargento). Resultó que le gustaba mucho jugar y, como era nuevo, pensé que podría estar buscando un grupo. No pensé en preguntarle entonces, porque detrás de mí, en el sofá, rodeado por la mayoría de la "condado", estaba Ogre. Por su destreza con la espada, era reconocido como el mejor entre nosotros. Los otros hombres querían emularlo. Las mujeres pensaban que era muy guapo, aunque necesitaba tonificarse.

Para mí, dijo las peores cosas, como cuando estaba contando su último duelo, "y cuando cayó, realicé un clásico coop de grace". Destrozó deliberadamente la pronunciación, solo para ver cuánto tiempo me llevaría dar la vuelta con "¡Ah, Vous etre un barbare sauvage, cretin!

¡Cuando encuentre uno, mi campeón te derrotará! ¡Me has insultado la última vez!"

Esto fue recibido con su sonrisa habitual, y antes de que pudiera llamarme "Tú, zorra francesa descarada", "Milady", dijo el recién llegado dio un paso adelante. "¿No tienes a nadie que defienda tu honor de alguien como él?" Este acto de audacia dejó atónitos a los demás y todos se quedaron quietos para saborear mejor el intercambio. Este joven, recién llegado, era de una calidad desconocida. ¿Sabía siquiera qué lado de la espada sostener?

"Ay, milord", respondí tímidamente, agregando leña a una situación ya precaria, "no tengo a nadie que me defienda de esos bribones que dañarían mi hermosa y frágil lengua". "Mon petit poulet", un término francés de cariño, horriblemente destrozado, Ogre acumuló insulto sobre injuria, aplicando a la frase el artículo equivocado, refiriéndose a mí en masculino, incitando así al joven a actuar.

Alguien rió disimuladamente.

"¡Como ves, es de lo más incorregible!" Di un pisotón y me volví con indignación, y con la diversión del otro.

"Tal vez, milady, necesitas un campeón, un defensor... Blandió un arco como el de un mosquetero.

Por supuesto, me cubrí la cara recatadamente con mi abanico y bajé la mirada. Este acto gentil duró poco, ya que eché la cabeza hacia atrás y, con la pose descarada del puño en la cadera, le respondí a Ogre: "¡Señor, ahora tengo un campeón valiente y leal para derrotarlo!". La sala estalló en risas. Ogre, tratando de no hacer lo mismo, concedió amablemente. Le dio una palmada en la espalda al joven y el grupo se disolvió para el banquete.

CAPÍTULO NUEVE

ANTES DE ALISTARME, EN 1976, me imaginaba como artista, así que cuando Buscema estaba haciendo una audición para los estudiantes potenciales de la nueva escuela de arte que iba a abrir, llevé mi portafolio a Nueva York para la entrevista. Sus palabras fueron alentadoras y, poco después, viajé a Manhattan, hogar de los famosos cómics de Marvel.

Después de que me hicieran un recorrido por el estudio y conociera a algunos de los artistas que estaban allí, me dieron unas hojas de papel amarillo tamaño oficio, con un borrador para una historia, y me dijeron que, si podía presentar una obra de arte, que representara a los héroes en varias poses, en formato de historia, podría volver y considerarían mi solicitud.

En el tren de regreso a casa, lo pensé detenidamente y, después de considerar mi nivel de preparación, me acobardé.

Una amiga, Sue, me sugirió entonces la fuerza aérea y me alisté con retraso. Entonces fue demasiado tarde para cambiar de opinión.

Sin embargo, cuando regresé a casa (Connecticut) en 1985, vendí una pieza. Como yo había decorado su aula, la profesora con la que trabajaba le sugirió a la junta escolar que sustituyera a la antigua profesora de arte en la nueva escuela que estaban formando.

Bueno, ahí estaba yo, unos años después, acababa de conocer a un joven. Me he relacionado sobre todo con hombres, porque, supongo, a diferencia de muchas mujeres y minorías de aquella época, nunca escuché a nadie que dijera que no podía hacerlo. Con la empresa para la que trabajaba, salía y andaba más que en cualquier otro momento de mi vida relacionada con el ejército.

El joven tenía un anuncio para un artista, al que respondí.

John, cuyo anuncio respondí, se acercó a mi auto; no fue difícil encontrarlo en el estacionamiento, allí estaban los dos tornillos característicos que sujetaban el capó. Con frenos nuevos, conduje esta cosa horrible, ignorando a cualquiera que me hiciera sentir avergonzada por hacerlo. "Hafa Adai". Sonrió y me tendió la mano.

"Hafa", respondí. "Traje mi portafolio. Podemos sentarnos dentro y ver si lo que puedo hacer es lo que necesitas".

"Sí". Él nos guió hacia el restaurante. Había zonas comerciales, lugares "alocáis", donde la comida era buena y barata. Uno aprende dónde encontrar estos lugares, principalmente observando a los chamorros. A pesar de la población mixta, japoneses, chinos, coreanos, vietnamitas, por no hablar de los diversos descendientes de europeos, los australianos y los de las muchas islas de las Marianas, realmente no era difícil distinguirlos.

Otra forma de encontrar estos lugares era por su apariencia, no eran elegantes. Estaban en zonas comerciales tipo centro comercial, generalmente muy concurridas y a veces abarrotadas.

Encontramos una mesa y coloqué mi portafolio sobre la mesa. Él compró café y nos acomodamos en nuestros asientos. Abrí el gran estuche negro, sacando una pieza a la vez, y las acomodé para que las examinara.

"Tuve la idea de mostrar a tipos en postura heroica". Su mirada se detuvo sobre la pluma y la tinta que tenía de dos personajes de un juego al que había jugado. "Los pondríamos en camisetas para venderlos".

"Suena bien", respondí y sonreí. Luego intercambiamos números. Esta era una reunión de negocios y por lo tanto breve. Algunos factores no se discutieron, y me hubiera gustado saber más, por ejemplo, para verificar las direcciones, porque, desafortunadamente, después de ese momento, nunca lo volví a ver.

Gene, mi compañero de juegos, seguía siendo fiel a nuestra iniciativa, de hecho encontró a otro, el primer hombre afroamericano, después de Fred, con el que he tenido el placer de jugar. Darryl hablaba en voz baja cuando fuimos a verlo. Vivía en un apartamento bastante bonito, no demasiado grande, ya que era soltero. Bajo la influencia japonesa, no era barato.

Tenía un pequeño salón con una mesa de café donde nos sentábamos y colocábamos nuestro papel y dados. Darryl era el único que tenía un libro, porque este era un nuevo sistema de juego para los dos.

Mi personaje era una niña negra, rica y malcriada con Gene como chofer/guardaespaldas sobreprotector.

Belinda hizo pucheros con los labios hacia Jason y se cruzó de brazos. "¿Por qué no puedo ir sola? No está lejos y puedes sentarte en el auto y mirar", fue un intercambio típico. El lugar era la peluquería que ella prefería, la Sra. Linda.

"Sabes que a tu padre no le gustaría", respondió Jason. "Hay demasiado peligro. Sabes que tu padre tiene enemigos".

"Hum", fue la respuesta petulante. En realidad, estaba contenta de que él no la acompañara. Después de que la dejara en la casa, ella conocía todos los pasadizos para salir. Entonces podría patrullar las calles sin impedimentos y no tendría que preocuparse por protegerlo o porque él descubriera su identidad secreta.

Esta fue mi primera incursión en el juego de rol de superhéroes que Darryl nos presentó. Las bromas entre mi heredera y Jason generalmente eran así, pero hoy, Darryl cerró de golpe su libro y dijo: "Chicos,

¿podrían calmarse?".

¿Qué? Gene y yo nos miramos. Éramos amigos, nos juntábamos una vez a la semana para jugar. No pensé en él en otros términos.

Era un juego al que jugábamos con frecuencia, hasta que Darryl soltó que deberíamos calmarnos un poco. La insinuación me confundió. Había conocido a la mujer de Gene y me parecía un encanto, y no tenía ningún interés en él en ese sentido, así que después de varios meses, el juego se acabó.

Sin embargo, me pareció bien. De alguna manera me había encontrado en una posición envidiable. Varias semanas antes, un grupo de seis personas me había pedido que dirigiera una partida para ellos. Al cabo de dos semanas, ya eran trece, así que los dividí y, al mes siguiente, tenía dos grupos de trece cada uno.

Gene se había unido a nosotros.

En aquella época, las mujeres eran poco frecuentes, pero aquí las chicas constituían un tercio de los jugadores. En aquella época, se consideraba aceptable beber mientras se jugaba, al fin y al cabo, era un acto social. La cerveza y el vino corrían a raudales y nos estábamos riendo cuando Debbie se estiró hacia Gene. Era una chica de buen tamaño—y me hizo sentir mejor con mi propio peso.

Los personajes se enzarzaron en un combate. Con tantos, había preparado un encuentro desafiante. Finalmente, uno de los chicos utilizó la magia para resolver lo peor y ganó el combate después de las dos horas de tormento a las que les sometí. Levantaron los brazos en una entusiasta ovación y, con la rapidez del rayo, Debbie estaba casi en el regazo de Gene. Me sorprendió su atrevimiento, pero no la conocía tan bien como a Gene, así que aquella noche no dije nada.

La comunidad de jugadores es ahora bastante omnipresente, no como al principio, cuando se corría la voz lentamente, un amigo que conocía a alguien, que conocía a alguien, un movimiento casi clandestino. Ahora es más fácil encontrar un grupo porque es muy divertido y la diversión se extiende.

Me pidieron que me reuniera con Gene en el refugio de los ávidos amantes de los libros aquí en la isla, un pequeño "agujero en la pared" llamado "Hafa Books". Hafa Adai era el saludo chamorro, Hafa denotaba la calidez y buena voluntad de la amabilidad en un saludo.

Una vez dentro, en la penumbra, la pequeña tienda resultó ser bastante grande. Era una tienda de libros usados en la que se vendían algunas cosas inusuales. Había un expositor de monedas raras, nada tan sofisticado como las tiendas de numismática de aquí, pero adecuado para la población de allí. Vi a Gene y Darryl, y a otro hombre al que no conocía. Me saludaron y me uní a ellos. El joven era una especie de promotor y quería organizar un torneo de juegos en toda la isla. Darryl iba a ser uno de los árbitros, y me preguntó: "¿Te interesaría dirigir una partida? El material ya está escrito y habría que estudiarlo".

Prefiero dirigir mis propias cosas, no puedo recordar todas las cosas escritas, aunque las escriba, pero, oye esto era exposición. Tu consigues que tu nombre salga, es como cualquier otro negocio. "Claro, ¿Qué tienes?" Nos sentamos juntos a hacer planes y a pedir indicaciones. Darryl y el promotor se levantaron para irse, y antes de que Gene pudiera hacer lo mismo, intervine: "Gene, tengo que preguntarte algo".

"¿Sí?" Salíamos hacia el estacionamiento. La búsqueda de mi auto, no fue tan larga, la razón, como mencione antes. Gene por otro lado tuvo que buscar un poco más.

"Creo que puede ser que le gustes a Debbie". A veces lo directo es lo mejor.

Gene se sorprendió. "Dee, amo a mi esposa". Sonaba un poco enfadado. "Lo sé, pero pensé que ella era un poco..." Estaba buscando palabras. Su ceño fruncido me advirtió, tal vez lo directo no siempre es lo mejor.

¿Qué acababa de pasar? Éramos "amigos" desde hacía muchos meses, y con dos incidentes, ¿todo se agrió?

Hoy, después de muchos años de pasar por lo que considero extraños cambios en la forma de tratarme como "amigos". Miro hacia atrás, para mí la raza no es importante, como mencioné antes, soy el producto de muchas. Aún así, tenía duras lecciones que aprender. Su distanciamiento instantáneo era difícil de entender. Yo sólo le alertaba de posibles problemas.

No nos entretuvimos más.

Llegó el día del torneo. Encontré el lugar, quizá la vida en la isla estaba de acuerdo conmigo. Rara vez me perdía cuando sólo hay una calle principal. Pude ver a Darryl entre la multitud, ¡y estaba lleno!

En la mesa de inscripción me dieron una mesa desde la que dirigir el juego, así que me senté allí a esperar.

Los promotores estaban asignando asientos, y después de algún tiempo, me llevaron a un grupo, era Debbie y compañía. Sonreí y dije: "Hola". "¿Nos dan otra mesa?" preguntó Debbie con frialdad.

Quizá tú no entiendas el fenómeno del juego. Tienes tu género literario favorito en el que puedes fingir ser un personaje y, con el árbitro, consigues "escribir" la historia. Lo haces semana tras semana con las mismas personas, se convierten en amigos, a veces, como miembros de tu familia. Para los soldados que están lejos de casa, entre extraños, como los inmigrantes, tú haces cualquier cosa para que la vida sea más alegre. El ejército une (involuntariamente) a la gente. Muchos entablan amistad, de modo que, años después, volverán a buscarse.

Jugar es más que compartir una trinchera. Yo nunca compartiría una trinchera, pero conozco la sensación de estar entre extraños. Yo crecí así—no soy blanca, ni negra, ni judía, ni india. Sí, puede que seas todo eso genéticamente, pero todo lo que la gente ve es tu color. No eres blanco, te llaman negro, demasiado claro y los negros no tienen nada que ver contigo.

Ser mestizo no es fácil.

Si te casas con alguien de otra etnia, incluso con alguien del mismo "color", el aspecto social y de cualquier otro tipo de tu relación es incomprensible y puede ser un obstáculo insuperable. Te habrás dado cuenta de que nunca mencioné la participación de Fred en todas las cosas que me divertían, por mucho que lo deseara, tal vez las cosas podrían haber sido diferentes.

De modo que decir que el final de una relación de juego duele es quedarse corto de proporciones colosales.

Pero soy dura, mi gente es dura. Hay un dicho que dice: "Lo que no te mata, te hace más fuerte". Solo sientes que quieres morir.

La vida continúa. Después de que se fueron, mi mesa se llenó rápidamente de todos modos. Entre los jugadores había un no-soldado llamado Robbie (no cumplía con los requisitos de altura militar, pero puede que tuviera otras razones). Con una mesa llena y mi absoluta maldad (piensen en esto, ¡ser una perra es un cumplido!), nos reíamos a carcajadas mientras realizábamos las poderosas hazañas por las que eran conocidos los héroes de leyenda. Nos reíamos más fuerte que todos los demás, y cuando los grupos se separaron, el promotor se acercó a nosotros, dos veces, para recordarnos que él estaba pagando por el espacio y que teníamos que irnos, éramos los únicos que quedábamos. Afortunadamente, Robbie, sin embargo, era claramente de ascendencia irlandesa, tuvo una maravillosa idea latina. "Conozco un restaurante que nunca cierra", dijo. "Podríamos ir allí" (para continuar la fiesta). Esto fue recibido con entusiasmo. Nos amontonamos en nuestros vehículos y lo seguimos allí. Allí aprendimos un poco el uno del otro, como es normal entre nosotros, cuando estamos en suelo extranjero. Por supuesto, Robbie y su compañero de habitación no desaprovecharon la oportunidad de hacernos saber que trabajaban con Amway, un buen vendedor nunca deja pasar una oportunidad. Pero éramos demasiado frikis como para pasar mucho tiempo en una reunión de negocios. Rápidamente trazamos planes para nuestra próxima sesión de juego y, una vez más, yo debía ser el árbitro.

CAPÍTULO DIEZ

QUERIDOS LECTORES, AHORA DEBO confesar que he estado intentando una hazaña que nunca antes había logrado: contar una historia en un solo volumen. Créanme cuando les digo que estoy practicando una gran moderación, de lo contrario, esta sería una saga de doce libros, lo que se debe en parte a la belleza y la extrañeza de Guam para una niña que creció en Nueva Inglaterra.

La otra parte se debe a que soy lo que se conoce en la jerga de los juegos como un imán de rarezas. He notado que, si es posible que le pase a cualquiera, me pasará a mí. ¡He tenido más aventuras de las que deberían permitirse! Así que, ahora que ya me saqué eso de encima, continuaré.

Conocer a Robbie, por supuesto, significó que me sentí atraída por Amway. Fue divertido ir a las reuniones. Bailar la canción "Quiero dinero, mucho, mucho dinero" con un auditorio lleno de aspirantes a millonarios fue divertido. Salir de fiesta con Tim y Leone, que sí se convirtieron en millonarios, fue definitivamente inspirador. Y qué más da, Tim, que era blanco, tenía una hermosa esposa afroamericana. Aunque pensé que era maravilloso que personas tan diferentes practicaran ese amor, los isleños no le dieron importancia.

Yo también me uní a Amway y fui a muchas reuniones. Sus productos eran de primera calidad y realmente deseaba que me sucediera lo mismo. Lo intenté y, como Robbie, lo presenté en cada encuentro. Esto fue además de mi trabajo en CME. Como organizaba las deudas morosas, sabía cuándo llamar y cuándo escribir, y llevaba un registro con mi tenaz persistencia. Cada vez que se pagaba una factura atrasada, en su totalidad, cuando se lograba un éxito en algo, por pequeño que fuera, alguien se daba cuenta. En mi caso, dos personas se dieron cuenta. Por supuesto, Knuckle Dragger era una de ellas, y cuando empezaron a llegar los cheques, el jefe y el dueño empezaron a saludarme cuando pasaba por su oficina.

KD—(Knuckle Dragger)—o Neanderthal, como quieras llamarlo, parecía estar presente con más frecuencia y, como era de esperar, me obsequiaron con un montón de lenguaje grosero, por lo general en un área en la que difícilmente podía escapar. La otra persona a la que prestar atención era el "controlador", un hombre que recientemente había sido contratado para ayudar a administrar el negocio. Esto inició una pequeña "guerra" entre el controlador y mi supervisor. ¿Quién podría ganar? ¿Para quién me encontraría trabajando? Uno estaba a cargo de todos los empleados y era el vendedor principal de la empresa y el otro era muy nuevo; por lo que pude averiguar, probablemente se había graduado de la universidad— tenía buen aspecto y hablaba bien.

El jefe, el controlador, el supervisor—todos eran chinos. De niña, uno de los primeros libros que leí en inglés fue Cinco Hermanos Chinos. Lo leía a menudo, así que no era de extrañar que me refiriera a ellos como los tres...

Cathy abrió su guardería, a pesar de las protestas de Dan. Era como si estuviera organizando un motín. Ya no mendigaba dinero para refrescos, ahora podía comprar lo que quisiera cuando quisiera. Incluso fue con el club de esposas de suboficiales en su viaje a China. Bien por ella, luchó, quiero decir, trabajó duro para conseguirlo.

La hija de Judy se casó. Fue un evento bastante importante. Los abuelos también estaban allí. Fue muy parecido a muchas bodas a las que he asistido en Connecticut, entre mis amigos nacidos en Estados Unidos, excepto que tocaron rock and roll en lugar de polka, que entonces todavía era popular.

La mayoría de las tradiciones se cumplieron, hasta que Judy se inclinó hacia mí y susurró: "¿No crees que Bill está bueno?" Bill era uno de los acomodadores, un hombre joven, más o menos de la edad de su hija. Este tipo de conversación me dejó sin palabras. ¡Ella era mayor que yo, y tenía una hija que se iba a casar! Su libido, pensé, debería estar disminuyendo a su edad. Supongo que no. Arrojó nueva luz sobre algunos mitos que había escuchado durante la mayor parte de mi vida.

Esto me recordó a la otra esposa, Sue Ann, quien, durante la evacuación, recibió la "visita" de un joven aviador mientras su esposo estaba desplegado (enviado a luchar en la Operación Tormenta del Desierto). La intriga había disminuido, pero en la boda resurgió. Especialmente cuando escuché: "Sí, escuché que se puso furioso cuando llegó a casa. Estaban muy ocupados cuando los sorprendió".

"¡Debes estar bromeando! ¿Los atrapó?"

"Claro que sí. Oye, está solicitando el divorcio. Eso significa que ella estará en el próximo avión que salga de aquí".

"Adiós a la basura mala". Ante esto, otro invitado se dio vuelta y, al darse cuenta, asintió.

Un participante más reflexivo preguntó: "¿Qué va a pasar con el joven?"

"He oído que un tribunal militar", respondió el primero. Yo ya había seguido adelante, los chismes no son algo en lo que suelo involucrarme y realmente no conocía a las personas involucradas. Vive y deja vivir, creo. Sin embargo, me sentí mal que el joven saliera lastimado con este giro de los acontecimientos, aunque podría haberse resistido. ¿O no?

Las cosas se estaban volviendo un poco rutinarias, así que, en noviembre, tuvimos una advertencia breve pero oportuna. Íbamos a tener otra tormenta con nombre, el tifón Yuri. Adelante, búscalo, ¡27 de noviembre de 1991, vientos de 174 millas por hora! No hay muchos que se vuelvan tan poderosos. Realmente fue un súper tifón.

En ese momento, no conocía estos hechos. Todo lo que sabía era que la furia era algo que nunca había escuchado antes, y creo que mencioné que he vivido muchos, tanto huracanes como tifones. No salimos a buscar la vista, pero al día siguiente hubo algunos daños. Nos quedamos sin electricidad, pero las bases tienen generadores, así que, después de unos días, estábamos en condiciones de funcionar.

No fue así en CME ni en gran parte de la isla. Las compras se hacían en tiendas que mantenían todas las puertas abiertas para que entrara aire y entrara luz. Todas las transacciones se registraban a mano, por muy incómodo que fuera. Al menos Tamuning, donde trabajaba, Hagatna (Agana, la capital), Dededo, todos los pueblos y aldeas que mencioné sobrevivieron, excepto el pueblo de Maite, ¿recuerdas el nombre? Eso es todo lo que quedó de él.

Al escuchar sobre los daños, al ver las imágenes, todo estaba arrasado, no quedó piedra sobre piedra, todo el metal estaba retorcido y toda la madera demolida. Fue tan impactante, tan desgarrador. Nunca antes había visto tanta devastación y daños juntos.

En CME, también estábamos en la "oscuridad", teniendo que trabajar en condiciones que se remontaban a unos buenos veinte o treinta años atrás. Si bien fue divertido durante la primera semana, anhelábamos las comodidades modernas a las que estábamos acostumbrados, como las luces eléctricas.

Afortunadamente, las radios podían funcionar con baterías y yo tenía la mía en mi escritorio.

"¡Yyyyyy, estamos buscando los lugares que aún no tienen electricidad!", gritó el DJ. "El concurso para el último lugar que recupere la electricidad. Si aún no tienes electricidad, llama…" y recitó el número de teléfono.

La compañía eléctrica estaba abrumada por la necesidad y la devastación que dejó esta súper tormenta.

Sin embargo, la radio ofrecía un premio al ganador del negocio que quedara en último lugar. No pude resistirme. Anoté rápidamente el número de teléfono y llamé. "Hafa, ¿es este el concurso para el último negocio que obtenga electricidad?"

Respondió afirmativamente y siguió con preguntas de calificación. "En realidad, no totalmente", respondí cuando me preguntó si estábamos completamente sin electricidad.

"Hay partes que sí. Algunas". Probablemente teníamos un generador, pero no lo sabía. Me hizo algunas preguntas más y cinco minutos después colgué. Hasta ahí todo bien. La semana siguiente, ninguno de los tres jefes chinos dijo nada.

Me ocupé de la gestión de cobros. Había una señora coreana que debía dinero y le pregunté si había algún problema. Era una táctica nueva y, como ella dijo, "sí". El supervisor de ese trabajo debía ir conmigo a inspeccionar.

El viaje me permitió ver otra cara de la isla, cómo vivía la gente con dinero. Su casa era grande, de bloques de cemento, en un terreno de buen tamaño. La basura de su propiedad procedía de la construcción que tenía en marcha.

Estaba muy agitada. "Me dijo que la obra ya estaría terminada". Aunque estaba muy acentuado, no era peor que el de mi padre, y la entendí; sin embargo, cuando le pregunté a quién se refería "él", no era nadie de quien el supervisor o yo hubiéramos oído hablar. "Él" se dedicaba a la construcción, y nosotros hacíamos ventanas y puertas. Aunque realmente esperaba que encontrara a ese hombre, me alegré cuando nos pagó en una semana. La contable, Millie, acababa de recibir el cheque, y Beverley había quedado conmigo para ir a comer, cuando, al llegar a la puerta de la escalera, oí: "¿Qué? demonios estabas haciendo tú?".

No había ningún sitio donde ir para evitar ese soplo de asquerosidad, así que me giré para mirar a Knuckle Dragger. "¿Perdón?" Realmente no tenía ni idea de lo que estaba hablando, pero normalmente no la tenía.

"No me vengas con que tú... Bueno, ya sabes lo que quiero decir". "Yo realmente no ..."

"La emisora de radio, ¿cómo puedes ser tan p... estúpida?" Al momento, se produjo el milagro de siempre—perdió la paciencia y se largó.

CAPÍTULO ONCE

CUANDO TU FAMILIA TIENE UN médico y alguien más, que se graduó summa cum laude, y sales en el 15 por ciento superior a nivel nacional, en todas las pruebas, tiendes a creer que eres inteligente, y quizás tus hijos también. Por eso me pareció bastante desconcertante que ningún miembro de mi familia fuera seleccionado para el programa GATES (superdotados y talentosos).

Mi hijo mayor siempre estuvo en el cuadro de honor, y yo estaba orgullosa de él, pero me sorprendió el día en que mi segundo hijo, David, llegó a casa con una carta de la universidad. Le habían concedido una tutoría especial para acelerar sus estudios de bachillerato y, tal vez, acceder antes a la universidad.

Estaba emocionada por él, era la primera vez que alguien de mi familia recibía tal honor. Fred se limitó a sentarse hoscamente. "Esto es maravilloso", añadí al darle la noticia.

"Uh hum". Gruñó.

Por supuesto, no lo dejé caer, una vez me especialicé en psicología. A un niño hay que animarlo para que le vaya bien. Era inútil conseguir que lo hiciera. No tenía ni idea de que era más cultural que su personalidad. Era muy diferente a mí y discutíamos.

"Él no es nada especial", replicaba.

Yo estaba frustrada. A una madre no se le dice que su bebé no es especial. Los estudiantes no reciben este tipo de atención de un centro educativo a menos que lo merezcan. Este tipo de cosas educativas están en una curva de campana, y esto me pareció estupendo. De nuevo, elegí mi MOS, es decir, mi carrera militar, basándome únicamente en el hecho de que reunía los requisitos para ello.

En fin, releí la carta e hice planes para ir a la universidad y averiguar de qué iba todo esto.

La semana siguiente hicimos el viaje. Era un campus bonito, reclamado a la selva, con bastantes plantas, árboles que nunca había visto antes, ni siquiera en fotos de selvas. Por supuesto, muchos eran parecidos, muchos parecían copas espinosas de piñas, muchas palmeras, cocos, orejas de elefante, helechos y muchos otros.

Los estudiantes eran como los que conocí cuando fui. Se agrupaban para hablar o se sentaban en la hierba o se apresuraban para no llegar tarde a clase. La diferencia radicaba sobre todo en la forma de vestir. Preferían la ropa más fresca a los pantalones de jeans. Sonreían y saludaban. David siempre ha sido tan guapo que las chicas tenían que acercarse a saludarle. Tengo muchas historias de esto, pero estábamos aquí por algo serio. Tuve que guiarlo con firmeza por el camino.

En la oficina que escribía nos esperaba un tutor. Era un joven agradable, un estudiante. "Hafa Adai", saludó a la manera chamorra. "Me alegro de que hayas podido venir. ¿Has leído la carta?".

"Sí, me sorprendió recibirla, pero me alegró". "Bueno, tienes un chico brillante ahí".

Sonreí y le apreté el hombro. Nos llevó a una habitación para sentarnos mientras nos explicaba el programa y que él sería el encargado de las tutorías. Era como un programa de Hermano Mayor sólo que para enseñar, para ayudar con cualquier problema que David pudiera tener con sus estudios, pero sería durante un cierto número de días a la semana, y horas cada uno de esos días. Esto favorecería su carrera universitaria. Me alegré, sobre todo porque quería que todos mis hijos fueran a la universidad, pero no tenía ni idea de cómo íbamos a pagarlo.

David y yo nos fuimos. Yo muy contenta, por usar una frase común, y David..., bueno... "Esto es genial, David. Estoy orgullosa de ti".

"Sí". Su respuesta fue tan evasiva como la anterior de su padre.

"¿No quieres recibir esta ayuda?" Me quedé perpleja. La mayoría de los niños que ingresaban en GATES o en programas similares generalmente estaban contentos.

Fue muy directo. "No, será más trabajo". No dio más detalles cuando insistí.

Al final, me di por vencida. Bueno, él era inteligente, siempre lo supe, ¿y cómo íbamos a pagar la universidad? Habíamos pasado por momentos difíciles como familia cuando nos fuimos de Okinawa. Esperaba que encontrara una manera. Esta era solo una manera, una más fácil, pero no garantizada.

En el trabajo, había comenzado algo, preguntando si había un problema, cuando llamé para el pago. Había un par que sí lo tenían, aunque no muchos. CME era la empresa más grande de productos de vidrio y aluminio, hacían las ventanas de los grandes hoteles que mencioné antes. Sin embargo, cuando se hizo la pregunta y se prestó atención, como en el caso de un caballero indio muy amable que solo quería que le limpiaran el vidrio cuando terminara el trabajo, el cheque llegó muy poco después.

Hay un viejo dicho entre los militares que dice: "cuanto mejor trabajas, más trabajas". No soy bueno para memorizar las citas exactas, pero estoy segura de que me entiendes. Además, descubrí que mi MOS, uno de los más difíciles para los que calificar, tenía catorce sitios en el mundo a los que ir. Sus nombres eran: Axila de ninguna parte y todas las variaciones de eso.

Bueno, el dicho es cierto, también me pusieron a cargo de los vehículos.

Ahora bien, también tenía que asegurarme de que estuvieran mantenidos y registrados.

Mantener o registrar los vehículos en realidad no era muy diferente de lo que sucede en Estados Unidos: largas colas, gente quejándose, todo el asunto, excepto que aquí noté a algunas personas con labios de un rojo brillante. Como no estaban vestidos elegantemente, no pensé que fuera lápiz labial. Sus dientes y lengua también estaban rojos.

—Es nuez de betel —susurró Gary, que me había acompañado—.

¿Qué es eso? —pregunté—. Nunca había oído hablar de eso.

Señaló unas bayas agrupadas en una palmera cercana—. Es un narcótico suave. Mucha gente las mastica. Asentí, interesada. Me pregunté cómo se podría controlar.

Antes de irnos, vi a varias personas bebiendo salsa picante, directamente de botellas gigantes, como si fuera refresco. Se rió de la expresión de desconcierto en mi rostro. —Vamos —me instó—. La empresa se reúne para almorzar.

El almuerzo fue en el restaurante vietnamita de la esquina al entrar al estacionamiento. Nuestro plato favorito era un entrante picante llamado kalaquin. Podía ser carne, pollo o camarones. Tal vez escuché mal, pero los pimientos picantes y el jugo de limón cocinaban la carne, y se combinaba con verduras sobre arroz o fideos. La primera vez que probé un poco, sorprendí a todos al zambullirme y devorarlo. Luego relataron uno de sus puntos fuertes. "Este tipo de México", decía Jorge, "estaba alardeando de que el jalapeño es el chile más picante del mundo". La mayoría ya había oído esto antes y ya se reían: "Cuando le hablamos de nuestros chiles de las islas del Cabo, tomó una rebanada de pan y untó una pasta de ellos sobre ella".

Como soy una isleña del Caribe, aunque crecí en Connecticut, todavía comía chiles y me interesaba mucho esta frase ingeniosa.

"Cuando mordió el pan, las lágrimas le corrieron por la cara". Era una de sus favoritas, porque todos se rieron. Yo estaba comiendo el kalaquin, así que podía apreciar el picante del chile. Al igual que los demás, pronto se convirtió en mi favorita también.

(Consulté con el restaurante vietnamita de aquí, pero no pude encontrar el nombre "kalaquin". Así que, chicos, si me estaban "tomando el pelo" —¡buena idea!

Ahora bien, la mayor parte de lo que pasó, que involucraba a la empresa y a los trabajadores, fueron incidentes breves que rara vez incluían a mi familia, hasta que uno de los hombres se casó. Nada inusual aquí, excepto que habían estado viviendo juntos durante años y tenían varios hijos, la mayoría de los cuales formaban parte de la fiesta de bodas. Los colores de la boda estaban, supongo, muy de moda, ¡negro y rojo! Las tradiciones eran una mezcla de lo americano y lo español con un toque chamorro.

La música era principalmente salsa con un toque chamorro. Había algunas selecciones de rock and roll mezcladas. Había una versión del baile del dólar y el lanzamiento de la liga y el ramo. La mejor parte, por supuesto, fue la niña de las flores que quería que su papá, el novio, la llevara y bailara con ella. Fue demasiado precioso.

Ahora sé que la mayoría de ustedes probablemente estén diciendo: "Ahhh, otra vez no. ¿No tuvieron una de estas cosas el año pasado?" Bueno, sí, pero cuando la temporada va de mayo a diciembre, suele haber tifones a menudo. Por eso nuestra empresa era tan popular. Además del último supertifón, Yuri, el 27 de noviembre de 1991, el supertifón Ornar fue el 24 de septiembre de 1992.

David se equivocó cuando se quejó de que siempre había uno el día de su cumpleaños. No fue hasta el 25 de septiembre, cuando azotó Okinawa el día de su cumpleaños. ¡Qué se le va a hacer, chicos!

CAPÍTULO DOCE

NOS ESTÁBAMOS RECUPERANDO DE NUESTRA tercera tormenta y acostumbrándonos a la vida en la isla. La gente era tan amable que a algunos de mis compañeros de trabajo nunca se les ocurrió que algunos no eran tan honestos como deberían ser.

Estaba siguiendo mi rutina habitual de preparar cartas de cobro para enviar, cuando de repente un paquete de cheques sin fondos cayó sobre mi escritorio. Miré hacia arriba, sobresaltada. "¿Qué?"

Millie estaba a punto de regresar a su escritorio. "Estos deben ser cobrados", anunció. Lo tomé. Todos estos cheques estaban marcados como "Fondos insuficientes" y eran miles de dólares.

"¿Qué?", grité, saltando de mi silla. "¿Por qué nos están dando estos?"

Millie se encogió de hombros. "Las chicas simplemente los toman". "Ya veremos sobre esto". Me alejé, muy agitada. Abajo, los empleados se reían de la noche que una les estaba diciendo a los demás que había tenido. No teníamos cajeras, estas chicas hacían doble trabajo.

Antes de acercarme a ellas, respiré profundamente. —Hafa — dije con el saludo habitual.

No sospechaban de mi misión allí. Bien. Cuando aceptan cheques empecé, tan dulce como podía ser de otra manera, ¿cómo lo hacen? Esto provocó miradas en blanco. Quiero decir, ¿piden identificación?

Esta vez mostraron un poco de comprensión. No, ¿por qué? fue la respuesta.

En ese momento, me sentí como un volcán en ebullición. Miles de dólares, ¡un solo cheque era por siete mil! Saqué ese y lo dejé sobre el escritorio central. Este no ha sido pagado. Dejé que la información se asimilara. Tendré que intentar que esta gente pague todos estos cheques sin fondos. Puede que no sea posible. La empresa está perdiendo dinero. Y para la piece d'resistance. Y puede que no pueda mantener una gran plantilla.

Eso llamó la atención. ¿Qué podemos hacer? ¿No podemos obligarlos a pagar?... Por supuesto, las objeciones. Parece que todo el mundo las tiene.

Tal vez no. Hice una pausa como para pensarlo. "Puedes fotocopiar sus licencias. Hazlo por favor para cada control".

Tal vez trabajar para el controlador significara algo. Tenía esperanzas, pero descubrí que una pequeña amenaza, como incluir los trabajos de los trabajadores en la mezcla, me ha ayudado en el pasado. Esperemos que así sea ahora.

Aparte de estos trabajos, Beverley y yo estábamos destinadas a otros, los más especializados, como durante el inventario. Así que, cuando se enteró del día de la secretaria, estábamos en el "desván", como lo llamaré. Agitó un periódico frente a mí y luego señaló el artículo. "Aquí dice que las secretarias tienen el día libre o privilegios especiales por el día".

"¿De verdad? Genial, hagámosles saber". Parecía un poco sorprendida por mi audacia.

"Seguro", finalmente concedió. "¿Qué crees que dirán?", se encogió de hombros, tragó el bocado y respondió: "No sé. ¿Crees que ya saben sobre esto?" Debatimos esto durante el almuerzo y llegamos a la conclusión de que probablemente no lo sabían, y acordamos abordarlas juntas (la seguridad está en los números, ya sabes).

Aparte de los trabajos mencionados anteriormente, el antiguo trabajo de Beverley de preseleccionar candidatos para el puesto de trabajo me fue encomendado. Había un par más, pero basta con decir que nos sentíamos como si fuéramos el pulso de las operaciones. Sin nosotros, los muchachos serían cachorros sin rumbo. Así que nos armamos de valor y llamamos a la puerta del jefe. Los dos estaban juntos, no era de extrañar, tenían reuniones informativas diarias. El jefe levantó la vista. "Pasen". Parecía bastante amable. El controlador también sonrió y se acercó para dejarnos entrar.

La fortuna favorece a los valientes, les digo a mis hijos a menudo, así que ahí va: "Señores", esto iba a ser un esfuerzo conjunto, así que me desconcertó encontrar la mía, la voz solitaria, "nos preguntábamos si sabían sobre las próximas vacaciones".

"¿Qué día festivo es ese?". Su voz parecía tranquila y su tono interesado.

Esto nos envalentonó aún más a los dos, así que Beverley intervino: "Día de la secretaria, señor". Sacó el papel como prueba, en defensa. El jefe le quitó el papel y, con su mejor actitud de padre chino, dijo: "Hmmm". Se lo entregó al controlador. No puedo decir con seguridad si esos dos estaban alargando su decisión para vernos sudar, pero así lo sentí. Por supuesto, volvieron al chino, al dialecto que ambos entendían, ya que hay varios.

Después de lo que pareció una eternidad, preguntaron: "Entonces, ¿qué significa esto? ¿Almuerzo o cena?".

Tomó un segundo. Beverley y yo nos miramos, no esperábamos tener éxito tan fácilmente. "Umm, almuerzo", soltó. Fue una buena idea para mí también, así que una vez superado ese obstáculo, el siguiente era dónde. Por supuesto, como somos mujeres, dejamos esa decisión en sus manos, sin importar cuánto quisieran gastar.

El día de la secretaria, cada una de nosotras encontró una rosa sobre su escritorio. Luego, antes de la hora del almuerzo, llegó el controlador, sonriendo. Fue tan galante que preguntó: "¿Están listas para el almuerzo?" Por supuesto, para esta "cita". No pude hacerlo sudar, hablé con mi padre durante veinte minutos mientras me maquillaba. Me había vestido con mi mejor ropa, así que no tenía nada que me retuviera.

Me levanté. "Sí, y lo espero con ansias". Él respondió sosteniendo mi silla y ofreciéndome su brazo.

El jefe no se iba a quedar atrás. También tenía a Beverley del brazo. "Salgamos".

Salimos al estacionamiento, supongo que recuerdas dónde se construyó. Así que esperarás que los dos o tres pájaros de patio (eso serían gallinas para ti) que se escabulleron de nuestro camino cuando nos llevaron al auto. Era un auto de lujo, muy exclusivo, y nos sentimos privilegiadas.

Estos dos no escatimaron en gastos para hacernos pasar un buen rato. Nos detuvimos en el estacionamiento de un gran restaurante japonés. Estaba decorado con alegres faroles de papel y una fuente que jugaba en el amplio centro de la sala. Había mesas bajas con almohadones para arrodillarse, pero después de admitir que tenía una rodilla lesionada, nos llevaron a un bar con taburetes más altos para sentarnos.

La comida se cocinó frente a nosotros, los japoneses hicieron que incluso la preparación fuera un entretenimiento. Las bebidas y el postre estaban incluidos. Deberíamos haber pensado en esto hace mucho tiempo. Estos dos demostraron que podían contar un chiste o dos e hicieron todo lo posible para que nos sintiéramos como reinas.

Por suerte, había algunos "lugares seguros" en el edificio de oficinas, y Hank (alias Knuckle Dragger) nunca me abordó afuera ni en el gran edificio de ensamblaje que parecía un granero, donde los hombres fabricaban los productos para ser instalados.

Ahora que lo pienso, dicen que la retrospectiva es 20/20, por eso hoy me di cuenta de que había un patrón. Nunca se acercó a mí donde el jefe u otro supervisor pudieran escucharlo. Pero, claro, él podía estar en cualquier parte y solía aparecer cuando menos se lo esperaba, como cuando las cosas me iban bien, sobre todo cuando conseguía una gran victoria, es decir, cuando conseguía que una persona recalcitrante me pagara una gran suma.

Así que, por supuesto, un par de días después del almuerzo del día de la Secretaria, atacó. La retahíla de invectivas que brotó de su boca habría hecho sonrojar de vergüenza a todos los militares que he conocido.

Al contrario de lo que piensa el usuario de lenguaje grosero, eso no los hace parecer duros, los marines tienen fama de ser las personas más duras del mundo. En Okinawa conocí a algunos, eran jugadores, y debo decir que ninguno usó lenguaje grosero delante de mí o de mis hijos. Sin embargo, nunca perdí la impresión de que eran nuestra primera línea de defensa en casi cualquier circunstancia. No necesitaban esconderse detrás de un arma para sentirse valientes o inspirar confianza tampoco. Cuando eres duro, realmente duro, tu fuerza se siente incluso cuando usas una palabra gentil.

Cuando me refiero a él como Knuckle Dragger o cualquier otra cosa, es porque una persona que sólo tiene dos palabras en su vocabulario, parece estúpida y grosera.

Había perdido a mi confidente en Beverley, ella debe haber pensado que él era un hombre grande y fuerte, capaz de cuidarla. Ahora, sólo tenía un recurso, y cuando terminó su diatriba, yo ya había perdido el aliento.

CAPÍTULO TRECE

EL TRABAJO NO ERA LA ÚNICA fuente de estrés, pero intercalados con él estaban los momentos con mis hijos. Eran una fuente de alegría y orgullo. Sí, me puse como loca, a menudo, pero para ser justos, el fútbol sala y varias otras cosas las inició o permitió el otro "adulto" que vivía en la casa, uno para el cual, mi propiedad no era importante. Constantemente se destruía, se perdía o directamente se la robaba. Cuando nos mudamos, él informaba de cualquier cosa que le sucediera a sus cosas para que le reembolsaran el dinero, pero ¿las mías? En una mudanza, perdí una máquina de coser. Ya sabes lo grandes que son esas cosas, "es un poco difícil pasarlas por alto, ¿verdad?" Y así como eso hay una lista bastante larga.

Su única virtud, según yo, era que no decía palabrotas, así que no era Knuckle Dragger II.

Hablaré más sobre él más adelante. Me sentía feliz en ese momento y quería seguir así.

Había un camino secundario al otro lado de la zona residencial de Dededo. Era un camino rural, toscamente pavimentado, con una franja de jungla al lado del mar. Creo que dejé claro que no sabía qué tan ancha era esa franja. James lo sabía, pero ahora nunca podré preguntárselo.

En cualquier caso, al tratarse de una isla coralina, la corteza rocosa bajo el asfalto era de coral, resbaladiza cuando estaba mojada, pero lo bastante afilada como para cortarte las ruedas si te salías del pavimento. Es un hecho universalmente conocido que las carreteras secundarias mal pavimentadas y con poca o ninguna supervisión de la póliza suelen ser lugares para ponerse al día en la ajetreada vida de uno, y bueno, de todos modos, no había señales de límite de velocidad.

Estas circunstancias conspiraron para que pinchara las ruedas cuatro veces. Afortunadamente, un chico de catorce años se considera protector de su madre, portador de paquetes y desmontador de neumáticos. Los cuatro estábamos sentados en el auto.

¿Mencioné que Guam estaba en el Ecuador, sin estaciones distinguibles? Así que estábamos en el auto, con un calor sofocante. Yo todavía tenía el Frankenbuggy, la fea trampa mortal, cuyos frenos, antes de que Gene los "cambiara", no eran más que polvo naranja. Otra cosa con la que no estaba equipado este vehículo era aire acondicionado. Eh, hombre del tiempo, ¿dónde estabas tú con los avisos de calor peligroso? "¿James? ¿Necesitas ayuda?" Yo estaba en la fuerza aérea antes de que él naciera. Tuve algunos tratos con vehículos.

"No", espetó. "Yo me encargo". Pensé que era galante, un poco hosco, pero aún así, galante. Esperamos. Resultó que sabía algo de autos, y pronto, nos dirigimos a Tamuning a comprar. Entonces ocurrió algo inesperado y maravilloso, James empezó los primeros compases de Bohemian Rhapsody de Queen, con gran voz, un tenor, quién lo iba a decir, y los otros dos se unieron, como si hubieran practicado a menudo. Era la música que definía a mi generación, y ellos la conocían tan bien. Me esforcé por no llorar, era precioso.

Fue entonces cuando lamenté tener que trabajar, este talento no debería haberme sorprendido. Sabía que James era rápido, fuerte y ágil, y que podía practicar cualquier deporte a los pocos minutos de aprenderlo. David era guapo, listo y emprendedor. Era el que compraba cómics a precio bajos y obtenía grandes beneficios vendiéndolos. Marie era responsable y una gran atracción para los padres que buscaban una niñera. También era tenaz y diligente con sus deberes escolares.

Nunca me pareció justo, los chicos podían jugar al aire libre o a los videojuegos, hacer un par de horas de deberes y aun así sacar matrícula de honor. Marie tenía dificultades. Era brillante, pero no le resultaba fácil.

Bueno, voy a dejar que el gato fuera de la bolsa, ella es la única para obtener su maestría.

La pequeña ironía de la vida.

Otra fuente de diversión, aparte de los juegos y el SCA, fue ir con Robbie a la reunión de ventas. Hice algunos contactos, en realidad una joven familia: ella, una bella dama chamorra, y él, un caballero japonés. Poco después de conocerlos, nos invitaron a mi familia y a mí a su propiedad, al otro lado de la isla.

Como tú sabes, las islas son montañas que nacen en el océano. Esto le sentó muy bien a Fred, a quien le encantaban esas cosas traicioneras, ya que había llevado a mis bebés a las Rocosas varias veces cuando estábamos en Wyoming. Como sus nervios son imperturbables, le dije.

El consejo habitual en estos casos es: "Tú puedes cerrar los ojos".

¡No! Imaginar lo que pasa es peor. Me quedé mirando horrorizada, hasta que, un momento, sí, sobresalen hacia el cielo, pero no da tanto miedo. Realmente no puedes ver muy abajo. El miedo, supongo, es todo percepción.

Tenían una hermosa villa en la bahía de Talofofo, con una pequeña lancha motora de recreo.

Su familia, que vivía en la zona, se arremolinaba en el patio, preparando una parrillada. No sólo íbamos a tener cerdo, ternera, pollo, hamburguesas y perritos calientes para los niños, sino también pescado fresco del océano.

Estábamos a punto de empezar el suculento festín cuando un niño, primo de ellos, gritó: "¡Delfines!".

Corrimos en masa hacia la orilla. Los niños treparon a las rocas para ver mejor.

Las criaturas elegantes, grises y juguetonas retozaban y saltaban fuera del agua. Entonces vimos que una de las barcas se dirigía hacia ellos. Eran Hideo, el marido, y un niño pequeño. Habían traído peces, y esto hizo que los magníficos animales desplegaran realmente sus habilidades.

La noche se habría convertido en la idílica noche tropical de la que tanto se habla, pero Guam había sido colonizada por los españoles hacía mucho tiempo. Eso los convertía oficialmente en latinos y, por lo tanto, teníamos que tener música y baile hasta altas horas de la madrugada.

¡Maravilloso!

Bailé—bailar es algo que aprendemos al mismo tiempo que caminamos, por lo menos donde yo nací. Pero los buenos momentos se vieron empañados por el hecho de que Fred y los niños encontraron un rincón más oscuro para sentarse, aislados de la diversión.

¿Por qué era así? Le molestaba que yo fuera diferente. No me dejaba enseñar francés a los niños, y cuando conocí a una campesina en Wyoming, la primera desde que dejé Connecticut, me gruñó enfadado: "Habla inglés". Aunque sostengo categóricamente que uno debe aprender la lengua del país que lo acoge, si tiene la intención de que sea su hogar. (Yo tardé varios años en aprender el idioma. Entonces no existía el inglés como segunda lengua). Sin embargo, no veo nada malo en seguir hablando la lengua materna en privado, en tu propia casa.

Por otra parte, puede que los pasos de baile sean difíciles. No, no es posible, David los aprendió, años después.

Podría haber socializado, al menos hacer el intento. Considerando todo lo que tuve que aprender y adaptarme desde que me casé con él. Habernos encontrado a mitad de camino habría estado bien.

CAPÍTULO CATORCE

ESTABA LISTA. LA SIGUIENTE vez que fui a la oficina, hice el trabajo que se esperaba de mí y, por último, la única tarea que había planeado hacer justo antes de comer fue ir corriendo a la tienda de material de oficina. Tendría tiempo suficiente antes de que me esperaran de vuelta.

Los recados eran una tapadera. Mi objetivo era el edificio de oficinas que albergaba el departamento laboral, que se encontró con bastante rapidez, y entré y tomé número para esperar mi turno.

"¿En qué puedo ayudarle?". Me pregunto la funcionaria, era una mujer chamorro de mediana edad.

Me acerqué. "Sólo necesito preguntar si se puede hacer algo con un supervisor, no mi supervisor directamente, que me grita obscenidades cada vez que me ve".

Se echó hacia atrás en su silla. "Me suena a acoso sexual...".
"¿Cómo es posible? Me odia".

"Acoso sexual no significa que le gustes tú. ¿En qué departamento trabajas tú?". Le revelé que trabajaba en el departamento de contabilidad, "Hmmm". Golpeó el escritorio con los dedos. "Hay un problema. Tú eres un cargo intermedio" Al ver mi mirada perpleja, añadió: "Eso sería un conflicto de intereses".

Esto era lo más... estúpido... que había oído nunca. Yo la víctima, ¿sería parte del problema? Tuve suficiente dominio de mi porte militar para levantarme con calma, darle las gracias y marcharme. Estaba furiosa.

¿Por qué tenía que soportar este trato horrible e irrespetuoso?

Tenía que aguantarle hasta el fin de semana, pero a veces no aparecía, sobre todo cuando estaba de servicio.

Había varios más que trabajaban para la compañía, las mujeres eran en su mayoría chamorras, pero los hombres podían ser de cualquiera de los cientos de islas -Truuk, Palua, Panapei, incluso Hawái, o CONUS (Estados Unidos Continental). Había hasta un puertorriqueño. En el caso de muchos de los más nuevos, yo era quien les hacía la prueba para ver si cumplían los requisitos para solicitar trabajo. Básicamente, tenían que saber leer y tomar medidas. Te sorprenderá el número de los que no pudieron completar y aprobar un examen tan sencillo. Cuando uno se encuentra con tanta disparidad en la educación de una cultura a otra, se da cuenta del tamaño de nuestro mundo.

Por supuesto, no habría llegado a conocer todos sus nombres, había cerca de cien trabajadores, rara vez estaban en el edificio de oficinas, y yo tenía poco que hacer en el de fabricación. Además, muchos eran temporales, sólo estaban en la isla por poco tiempo.

Esa parece ser la naturaleza de la vida actual. Casi nadie llega a conocer a nadie, supongo que el tiempo de cerveza semanal de los trabajadores en el estacionamiento era una forma de sortear este defecto social de nuestra vida moderna. La mayoría de las veces, las mujeres se mantenían al margen, volviendo a casa apenas terminaba el trabajo. Unas pocas, las esposas de algunos supervisores, se quedaban, pero no se mezclaban.

Mi propia educación me hacía sentir un poco incómoda. Además, tenía mi propia familia de la que ocuparme.

Un viernes por la noche llegué a casa después del trabajo. Tenía que preparar algo rápido para la cena. Los días en el ecuador eran bastante iguales a las noches, y pronto oscurecería. Si Fred estaba en casa, tenía que ver cuáles eran sus planes y tener a los niños alimentados y preparados.

David y Marie llegaron justo a la hora prevista. Les ordené que lavaran y pusieran la mesa. "¿Dónde está James?", pregunté. Ninguno respondió de inmediato, así que repetí: "¿Dónde está James?", esperando oír que estaba jugando al baloncesto o algo así en el centro juvenil.

David logró evadir mi pregunta. La tercera vez, Marie estaba en la línea de fuego directa.

"Está en la escuela".

"¿Qué está haciendo allí? No pidió permiso para ninguna actividad extracurricular".

Se miró los zapatos y murmuró: "Papá lo envió..."

"¿Qué quieres decir con eso?" Mi presión arterial subía por la ansiedad. "¿Tu papá lo llevó?"

"Papá lo envió". El único camino a Yigo, donde estaba ubicada la escuela, era al otro lado de la calle en Dededo, y para llegar allí desde aquí había que tomar un camino solitario, a través de un tramo de jungla (enredaderas espesas y enredadas y árboles banianos) que, una vez que el sol se ponía, estaba oscuro, tan oscuro, de hecho, que era fácil perderse.

"¿Por qué?" le pregunté.

Para entonces, ella ya no podía mirarme a la cara y estaba hablando con la puerta por donde estaba planeando su escape. "No trajo sus deberes a casa. Papá lo envió a buscarlos".

Tenía mi cartera y llaves en la mano. "¡David!", grité, y cuando apareció, dije: "La cena está en la estufa. Come y haz los deberes. Volveré". Salí por la puerta, sin molestarme en decírselo a Fred. Madres, el camino estaba oscuro como boca de lobo. Las noches ecuatoriales eran rápidas, especialmente tan lejos de grandes masas de civilización. La luz de las estrellas no era tan brillante como para penetrar a través del espeso dosel de la jungla. Mi corazón estaba acelerado. CR, el control de rumores, tenía esta carretera de la jungla como la que tan a menudo se encontraban víctimas de asesinato. "No, Dios. ¡No mi bebé!"

Estaba tan oscuro que, si había espacio entre dos cuerpos arbóreos, no había luz discernible. Ni siquiera la famosa niebla de Nueva Inglaterra podía impedir que uno viera tan mal hacia adelante.

Entonces, sentí una presencia. Recuperé el aliento, detuve el auto y abrí la puerta del pasajero.

"¿James?" Me obligué a que mi voz sonara firme.

Un latido, luego una voz joven habló: "¿Cómo sabías que estaba aquí?" Él podía apreciar la oscuridad.

Nunca me alegré tanto de tener razón. Con James, siempre lo supe. Su nombre era el único que elegía, no un nombre contingente, no de niña, y muchos intentaron convencerme para que eligiera otro.

"Simplemente lo supe". "¿Pudiste verme?"

"No. ¿Por qué regresaste? ¿No sabías lo oscuro que iba a estar? ¿No tenías miedo?"

"Sí". Él heredó la calma hosca que su padre a veces mostraba. Le acaricié la cabeza. Me alegré de tenerlo de vuelta.

Había varias cosas que tenía que considerar. Casi quince años de matrimonio, en ese momento, había vivido con su padre trece de esos quince. Describirlo como inestable sería un eufemismo, pero recientemente, mucho después de Guam, creo que trató de disculparse. Cuando uno pide perdón, se nos ordenó hacerlo. Así que me disculpo por no entrar en detalles aquí, pero tienes que aprender algo sobre mí. Desde que llegué a los Estados Unidos, aprendí que los héroes de antaño tenían principios, y eso generalmente era lo que los apoyaba ante cualquier peligro que enfrentaran.

James y yo llegamos a casa. Lo alimenté y envié a todos a la cama. Había suficiente para mantenerme despierta después de que Fred se jubilara.

Temprano a la mañana siguiente, eran las seis y media cuando Fred terminó de prepararse, y pude escucharlo bajar las escaleras y finalmente salir por la puerta. Aun así, esperé.

Finalmente, el motor del auto arrancó y detecté el sonido que indicaba que estaba dando marcha atrás. Me levanté de la cama, me acerqué a cada niño y les dije simplemente: "Tomen sus maletas y súbanse al auto ahora". No sé si recordaron cómo hicimos esto hace años, en Okinawa, pero no fue exactamente así.

Había conseguido el nombre y el número de un refugio para mujeres. Llamé y conseguí el lugar de encuentro. No había mucho que quisiera llevar, como había dicho antes, mucho de lo que poseía se perdió, se destruyó o me lo robaron. Nada de lo mío había sido reportado, después de cualquiera de nuestras muchas mudanzas, y por lo tanto no fue reemplazado. Lo único que tenía de valor era la carpeta de arte que le mostré a Buscema en Nueva York en la entrevista para su nueva escuela de arte. No seguí esa noticia. No tengo idea de si alguna vez la abrió, los hombres como él generalmente hacen lo que se proponen.

Esta carpeta, llena de trabajo que había hecho durante la escuela secundaria y la universidad—que esperaba que fuera la clave de mi fortuna, algún día—había sido destruida. Para "protegerlo", lo había puesto en el maletero de Frankenbuggy para que estuviera a salvo. Olvidé traerlo a la casa antes del supertifón Yuri. Cuando abrí el maletero y lo saqué, el moho y los hongos lo habían arruinado todo—años de trabajo, mi orgullo, mi esperanza.

No voy a contar cada lágrima que he derramado en mi vida, que han sido muchísimas. Tenía hijos que cuidar y, como antes, seguiré haciéndolo, aunque tenga que vivir de la asistencia social. Mis hijos eran mi primera responsabilidad. Su salud, su seguridad y su bienestar estaban por encima de los míos. Ellos no pidieron nacer.

Esta vez tenía una mejor oportunidad. Dejaba a su padre mientras estaba en suelo estadounidense. La ley en Japón (Okinawa es parte de Japón) no era pro-mujeres. Espero que ahora haya cambiado.

Esta vez tenía un trabajo. Tenía gente—a la que podía llamar amigos—algo que tampoco tenía mucho antes. Había dicho que era una inmigrante, una mulata, que vivía en un mundo que no era pro-mujeres, pro-no-blanco, y a pesar del hecho de que casi siempre he estado en el 15 por ciento superior a nivel nacional. Nunca sentí que pudiera tener mucho éxito. Ningún estímulo, ningún consejo. He llegado a decir que me había costado mucho aprender inglés antes de que se pensara en el programa de inglés como segunda lengua.

Esta vez, ni siquiera la ley poco conocida que prohibía a las mujeres divorciarse de militares a menos que vivieran en el mismo estado—la razón por la que volví a vivir con Fred en Wyoming después de dejarlo en Okinawa—sería un obstáculo.

En realidad, la mayoría de las mujeres tienen el sueño romántico de conocer, casarse y envejecer con un hombre. En mi caso, ese sueño se hizo añicos. Quizá nunca tenga una oportunidad.

Desde Arizona —James tenía menos de seis meses de edad—he vivido una vida de infelicidad y desilusión. He vivido con miedo desde que tenía ocho años, así que no fue solo culpa de Fred. Tuve que ser dura.

Este es otro ámbito en el que la ciencia ficción jugó un papel importante en mi vida. Para proteger mi "punto débil", mis emociones, aprendí de mi propio héroe o heroína, el señor Spock, a ser estoica, a no dejar salir nada. No siempre funcionó, a mi gente le encanta discutir, incluso cuando están equivocados y no tienen sentido. Lo que es peor, intentan atribuirme una creencia o una emoción cuando no se lo he indicado. Ahora veo que no es solo mi gente la que hace esto.

Allí estaba yo, dejando a este hombre, otra vez. No hicimos "clic", como dicen. Si alguna vez hubiera dicho tres palabras mágicas, eso es todo, tal vez, ninguno de los horrores que he vivido me hubiera parecido tan aterrador. Tal vez, si hubiera tenido experiencias previas diferentes, no habría vivido una vida de autodefensa y miedo, tal vez habría tratado de comprenderlo, acercándome a alguien cuya cultura realmente me era ajena.

Además, en retrospectiva, vivir con él no fue del todo malo, aunque hubo muchos momentos. Por ejemplo, nunca se olvidó de mi cumpleaños o nuestro aniversario. A menudo le gustaba invitarnos a salir, a mí, sobre todo. Sin embargo, nunca aprovechó esos momentos para decir lo que las mujeres necesitan escuchar.

Puede que lo haya descubierto, así que tengan paciencia. Nosotras las mujeres hablamos, somos verbales. A los hombres, al menos aquellos con los que me casé, les gusta que los consideren fuertes y silenciosos. Desafortunadamente, yo no era buena en la comunicación no verbal, que era la forma en que él trataba de decirme lo que sentía. A pesar de las flores, los regalos y las cenas fuera, cuando se ponía físico, me asustaba. Él era mucho más fuerte que yo. Ponerse físico para resolver sus problemas era lo que los hombres aprendían en esa época. Ese es el problema, no la difamación.

Ahora no importaba, había puesto a mi hijo en peligro. No era la primera vez que hacía algo peligroso, sin pensar, con respecto a nosotros.

Ahora, los cuatro estábamos emprendiendo un nuevo camino, una nueva vida. Nunca tuve una red de seguridad, así que no importaba. Siempre traté de moverme con cautela, sopesar cada opción antes de tomar una decisión, iba a continuar de esta manera.

Por supuesto, lo desconocido da miedo, pero como dije, también lo daba lo que yo había pasado.

La casa era lo suficientemente grande para seis familias, cada una con su propia habitación, compartiendo áreas comunes y tareas para mantenerla limpia. Estaba alejada del centro de negocios, pero lo suficientemente cerca para tener todo lo necesario.

Mis hijos y yo éramos los únicos estadounidenses, aunque Guam es en realidad un territorio. Las mujeres de las otras islas de Micronesia representaban una paleta de colores diferentes, y algunas hablaban dialectos o incluso idiomas diferentes.

Pasamos dos noches y aproveché la oportunidad para hacer una pequeña investigación antropológica/sociológica. Me uní a las sesiones de charlas después de la cena.

"Las mujeres son dueñas de la tierra". La mujer que hablaba era bastante grande, de mi altura, aunque un poco más delgada. Parecía que podía cuidar de sí misma, aunque lucía un moretón debajo de un ojo. En su caso es uno que "se transmite de madre a hija".

He oído hablar de sociedades matriarcales, pero nunca había presenciado una antes. Me pregunté si los sociólogos sabían de esta.

Se indignó al escuchar que era diferente con nosotros. "¿Cómo puede alguien estar seguro del padre?" Algunas de las otras mujeres se sumaron a ella con incredulidad, chasqueando la lengua y meneando la cabeza. Sin embargo, no todas tenían las mismas tradiciones.

Hasta entonces, no tenía ni idea de cuántas islas había. Aún no sabía el número exacto, pero allí sentada con unas quince mujeres, me enteré de que cada una era de una distinta.

Comparada con estas mujeres, Beverley era diminuta. Eran de pura raza de sus diferentes países de origen. Muchas islas no fueron tocadas por la guerra, y muchas no sabían nada del mundo exterior, hasta hace poco. Francamente, muchas islas no eran fácilmente accesibles, ni siquiera en el momento en que me senté entre sus habitantes.

CAPÍTULO QUINCE

MIENTRAS ME PREPARABA PARA ACOSTARME, la segunda noche, la directora se me acercó. "Necesito hablar contigo, ¿tienes un momento?".

"Por supuesto". La seguí hasta la mesa de la cocina.

Sirvió dos tazas de café y me pasó una. "Creo que tienes una bonita familia". Esto me hizo sonreír. "¿Tus hijos tienen más de trece años?".

"Sí, los dos".

Esto parecía estar ralentizándola, hacía pausas a menudo como hacía Frankenbuggy antes de que me deshiciera de él. "Bueno, este refugio es para mujeres y niñas". Parecía incómoda moviendo sus dedos como arañas alrededor de un mechón de pelo. "No permitimos chicos tan mayores".

"Ya veo". Mi estómago se sentía tan pesado como un cuenco lleno de piedras. "¿Cuándo tengo que mudarme?"

Tal vez, ella se dio cuenta de que yo dependía de los militares y no tenía familia aquí. Su rostro pareció iluminarse como las flores nocturnas al atardecer, al parecer, porque yo cooperaba. "Puedes quedarte hasta el viernes".

Una vez decidido esto, terminamos nuestros cafés y nos fuimos a la cama. A la mañana siguiente, me estaba inscribiendo para entrar en la base naval.

Había dos familias que conocía en Andy Sur. Volver allí sería la táctica del ratón confundido, correr directamente a la guarida del gato. La única opción que tenía era la de Sue.

Sue era muy maternal. Generalmente le tocaba estar a cargo de la hospitalidad del grupo. Ella era la que hacía la mayoría, si no toda la cocina. Coleccionaba recetas medievales. Hacía todo tipo de manualidades, labores de aguja, en fin, seguramente estaría en casa hace mil doscientos años. Ella es una menonita, una rama de los Amish, así que realmente no era demasiado lejos.

Ella era mi mejor esperanza. Si no era ella, no tenía ni idea de dónde íbamos a ir los cuatro, pero no quería volver atrás. Esto me recordó a Elizabeth, una mujer mormona en "Pinta tu Wagón" cuando fue vendida a un nuevo marido. El anciano le dijo: "No sabes lo que te va a tocar".

Ella respondió: "Sé lo que tuve".

Lo desconocido sería mejor que ser ignorada, discusiones constantes, malas finanzas y mucho más.

Me paré frente a su puerta. La calle estaba tranquila, era día de colegio, así que ni siquiera sus dos pequeños niños cabezones estaban presentes. Me lo estaba pensando mejor y me planteé marcharme cuando la puerta se abrió de un empujón.

"¡Dee!" Estaba sorprendida: "¿Qué haces tú aquí?".

Soy entre quince y veinte centímetros más alta que Sue, pero en ese momento fue como si el ratón se encontrara con el león en la famosa fábula de Esopo. Aunque el miedo, a ella, no era un factor, sí lo era el sentimiento de vergüenza que nos enseñaron a sentir a las mujeres si una relación no funcionaba.

Nos hacían sentir culpables por recibir bofetadas, porque te dijeran que eras gorda, fea y estúpida, que tenías la culpa de todo, cuando te arrebataban a tu hijita por la ventanilla del auto, cuando se ponía a tu lado en un semáforo en rojo, estúpida, cuando todos los meses te cobraban más de cien dólares por NSF, a diez dólares cada uno, por aquel entonces. Cada vez que sacabas el tema, te decían: "No ganamos lo suficiente para el presupuesto". Había más cosas, mucho peores.

¿Cómo podía hacer entender a esta mujer? Ella e Ian eran modelos de felicidad matrimonial.

Aunque mi angustia era como una bandera roja, ella no preguntó. "Pasa, estoy tomando el té". Les dijo a los niños que fueran al patio trasero y luego se unió a mí en la cocina: "Estaba en Internet. Hay un sitio sobre juegos", me dijo. Como yo no tenía tiempo de aprender a usar la computadora, para mí estaba hablando en griego.

De alguna manera, no volvimos a hablar de mi inesperada llegada a su puerta. Subimos a la sala de la computadora y ella se sumergió en el hiperespacio hasta que el autobús escolar dejó a los niños.

Antes de que me diera cuenta, éramos miembros de la casa, Marie y yo compartíamos habitación, los chicos se columpiaban, quiero decir, dormían en literas con los de Sue. Las peleas de almohadas y otras travesuras ruidosas duraron hasta que un marine alto y delgado apareció en la puerta. Sus chicos se le echaron encima como ratones al queso. Con besos severos y luces apagadas, los calmó.

Si tan solo pudiera aprender a contrarrestar esta vorágine de actividad, a encontrar mi camino en medio del caos tan bien como ella, me daría envidia.

La torre de muñecas Barbie de Sue en la sala de estar era solo un adelanto. Nuestra habitación estaba llena de más. Había cientos por toda la casa, tanto que era como caminar por un bosque. Acechando entre todo el desorden había gatos negros, cinco de los siete eran gatitos, y juguetones, traviesos, saltando sobre tus zapatos y haciendo que caminar sea más complicado que un campo minado.

Eran muy queridos, a menudo se los veía golpeando el alambre mientras un "guerrero" lo enrollaba para hacer eslabones para su camisa de malla. A veces, saltaban dentro de la caja de periódico que se usaba para acolchar las espadas de bambú u otras armas. Muchas veces, se escondían debajo de las voluminosas faldas de una dama.

La vida con esta familia, aunque a menudo ruidosa y bulliciosa, era en gran medida lo que siempre había deseado.

Sin embargo, yo seguía siendo el objetivo de Ogre. Su pronunciación de mi hermosa lengua materna siguió deteriorándose, por lo que yo le decía: "¡Vous etre atrocieux, barbare sauvage!". Cuanto más lo insultaba, más sonreía y trataba de destrozarlo aún más.

El joven campeón que había conseguido antes siempre estaba a mano para salir en mi defensa cuando amenazaba con darle una paliza a Ogre. Este intercambio siempre provocaba risas.

No puede haber toda esta preparación, las manualidades, la práctica de lucha y el uso de estos hermosos atuendos de cuento de hadas sin un evento. Este es el momento en que todos los insultados podrían obtener justicia en un concurso de armas. Las damas podrían exhibir los vestidos que habían cosido, el delicioso banquete que coordinaron para producir. Habría juegos para los niños, y nuestro Bardo, Garrett, había estado preparando canciones, cuentos y juegos de palabras. Esto, naturalmente, se convirtió en un desafío para los demás para destronarlo como maestro de los juegos de palabras.

Después de la fiesta, se bebía y algunos elaboraban su propia cerveza o hidromiel—el famoso vino de miel que era como un trago de alegría.

Garrett le enseñó a Marie a tocar la flauta dulce y le regaló su propio instrumento. Había planeado que bailáramos hasta el amanecer según las antiguas tradiciones.

La falta de otros músicos no lo desanimó ni un poco, sacó un reproductor de casetes muy moderno y un estuche lleno de música de época. Estábamos listos y, como sabes, con el baile viene el coqueteo.

Era la oportunidad de Kate de acercarse a Ogre. Nosotras, las mujeres, las que habíamos tenido relaciones, la alentábamos y aconsejábamos con la emoción y la aspiración que suele traer el amor joven.

El lugar de nuestra juerga era una pequeña isla lateral, no del tamaño de un campo de fútbol, con un anillo de árboles, pero mucho espacio despejado. Llegamos al estacionamiento de la isla principal. No conduje el Frankenbuggy. Lo reemplacé por un auto mejor, un Nissan Sentra rojo, más lindo, con frenos de verdad.

Mientras buscaba mi equipo, una de las mujeres se acercó a decir: "No, no, no. Solo di 'damisela en apuros' y hazte a un lado".

Hmmm, ¿damisela en apuros? ¿Por qué no? Abrí el baúl donde estaban empacados mi tienda y el equipo de campamento. Dije "damisela en apuros", no muy fuerte, y di un paso atrás. En cuestión de segundos, cuatro de los jóvenes luchadores se acercaron. Alcanzaron mis cosas y antes de que tuviera tiempo de reaccionar, habían encontrado un lugar y estaban armando mi tienda. Vaya, esto de la damisela era genial.

La mayor parte de la noche, como esperábamos, estuvo llena de risas, comida y compañerismo. Garrett y su esposa, los mayores entre nosotros, se divertían, es decir, disfrutaban de la compañía de los jóvenes. Él entretenía con las canciones obscenas que había preparado e intercambiaba juegos de palabras con algunos participantes.

Me encontré entre jugadores y pronto me acomodé en una silla de campamento. Estábamos disfrutando de la Edad Media como debía ser— algunos siendo puristas y otros simplemente buscando diversión y aventuras.

Las listas, es decir, la lucha comenzó, y aplaudimos y gritamos. Durante las mejores partes, Ogre se acercó, para burlarse, mientras lo forzaban. "Mi picante fulana francesa", comenzó. "Estoy a tus órdenes.

¿Dónde está tu joven pretendiente?"

No lo había comprobado antes, pero cuando lo mencionó, miré a mi alrededor. El joven no estaba a la vista. Al encontrar a Sue, ella respondió: "No pudo venir. Tuvo que ayudar a su familia a trasladar algunas cosas".

"Sin duda", Ogre se alejó riéndose bastante fuerte.

Ayudé un poco a Sue antes de retirarme. Marie, que es una hija fenomenal, a la que rara vez corregía, parecía saber lo que tenía que hacer en todo momento, estaba a mi lado, a la hora de ir a la cama. Apenas habíamos cerrado los ojos, cuando un estridente pitido de un silbato de fábrica nos despertó de un sobresalto. Desde ese momento, hasta media mañana, sonaba cada quince minutos. ¡No era de extrañar que hubiéramos conseguido una oferta tan buena, en un parque tan grande, por un precio tan bajo!

La mañana siguiente era sábado, no muchos tenían que trabajar. Dudo que pudiéramos hacerlo, ya ninguno pudo dormir mucho.

CAPÍTULO DIECISÉIS

IR A TRABAJAR SEGUÍA siendo necesario, de hecho, ahora más que antes. Al no estar divorciada, no tenía una pensión alimenticia ordenada por el tribunal. Y conociendo a Fred y como era con el dinero, no esperaba ninguna.

Cuando Beverley y yo estábamos almorzando, le conté mi situación. "Tengo un tío que es dueño de su propia casa. Tal vez él pueda ayudar". "¡Suena maravilloso! Mientras tanto, buscaré un apartamento". "Eso puede ser caro. La gente se dio cuenta de que puede ganar dinero, así que lo hará. Déjame hablar con él primero. Te avisaré mañana". La mayoría de las cosas seguían igual, así que pensé, eso es, hasta que regresé a mi escritorio. Uno de los trabajadores estaba allí de pie, con el sombrero retorcido en sus manos. "Hola, Marcos. ¿En qué puedo ayudarte?".

"Eh, tu marido está en el estacionamiento".

Una bola de plomo cayó en mi estómago. "¿En serio?" Iba a actuar con calma. Él no intentaría nada con toda esta gente alrededor. Después de que Marcos comenzó a arrastrar los pies, cedí. "Gracias". Apenas lo conocía, no tenía nada de qué hablar con él, así que se fue.

No me relajé pensando que todo había terminado. Con Fred, era como vivir en una casa de espejos, sorpresas por todas partes.

Efectivamente, un segundo trabajador vino con la noticia: "Tu marido te está esperando".

"Realmente no lo necesito. Tengo mi auto". Este parecía desconcertado, pero no preguntó y se marchó enseguida.

Era capaz de cualquier cosa. No iba a abandonar la seguridad del abarrotado edificio. Era muy fuerte, le había visto levantar él solo un refrigerador. Una vez fue SP e intentaba ejercer su autoridad. Yo no siempre le obedecía. De hecho, a menudo le decía: "No soy tu esclavo. Nuestro pueblo echó a los esclavistas de nuestra isla".

Con la tenacidad de una roca, me mantuve firme.

Poco después oí: "Lania, (que es una grosería en chamorro) mujer, no puedes hacer esperar así a tu marido". Quizá no era tan vil como de costumbre viniendo de KD, como ácido clorhídrico aguado. Quizá si le ignoraba, se iría. Sólo podía desearlo. "¿Por qué le haces rogar así?" Su gramática no era la mejor, tal vez por eso siempre maldecía. Hank continuó defendiendo el caso de Fred. "Trajo flores".

Me compró muebles antes. Realmente no ha cambiado su comportamiento. Yo escuchaba con la impasibilidad del hierro. "Ve a hablar con el hombre". ¿Acaso todos se mantienen unidos, incluso sin conocerse?

Tal vez, lo vio inútil, tal vez simplemente se aburrió, lo que sea, finalmente se fue. Respiré. Me quedé en mi escritorio, intentando parecer ocupada. Estaba demasiado asustada para salir. No quería volver con él. Tampoco quería darle la oportunidad de convencerme.

Si de verdad me quería, debería haber hablado conmigo, todos los días. Deberíamos habernos puesto de acuerdo en cosas como la educación de los hijos, el dinero, los muebles y la forma de hacer las cosas. Tal vez, estos conceptos eran demasiado vanguardistas, demasiado radicales. Lo único que sabía era que las cosas no podían volver a ser como antes.

Por fin, era el final de la jornada laboral, ya no había forma de esconderme. Me armé de valor. Intentaría anticiparme a lo inesperado.

Al ser viernes, los trabajadores masculinos estaban reunidos y bebían cerveza. Yo solía irme mucho antes, así que nunca antes había apreciado lo grande que era la empresa. Había más hombres que en el taller de los técnicos de Gila Bend, quizá tantos como en todo un equipo de fútbol.

Con tantos, era un poco difícil distinguir el auto de Fred, especialmente uno tan anodino como un típico auto "boonie", a pesar de que estaba en mucho mejor estado que el mío. Sin embargo, vi mi oportunidad de escapar. Así que más rápido que los vientos de su peor tormenta, me fui.

Volviendo a casa de Sue, ya que este era mi hogar temporal, me sentí aliviada de llegar y encontrar a los tres niños allí.

El día siguiente era sábado, lo que significaba entrenamiento de caza. La mayoría del grupo se reunió temprano, y se esperaba algo emocionante. Efectivamente, todos estaban más agitados que un hormiguero revuelto. Ayudando con los refrescos, sólo oía fragmentos.

Kate era la más callada de todas, pero mantenía una animada conversación con Sue. Escuché; "Brian ha conseguido permiso para su colección".

Varios minutos después, tenía acorralada a otra mujer. "Se va la semana que viene". Sólo podía suponer que era la misma persona de sexo masculino. Se quedó atascada en ese tema, como el anticuado "disco rayado".

Entonces vino una pregunta importante. "¿Vas a ir con él?" Justo entonces, mis chicos vinieron a mí, sin aliento de tanto correr. El momento se arruinó, dejé de escuchar a hurtadillas para atenderlos. Cayó la tarde y todos se reunieron para cenar. No había suficientes asientos, y los más jóvenes se dejaron caer en el suelo, sentados con las piernas cruzadas como tantos indios. Toda la atención se centró en Ogre. No sólo era el más admirado por ser el mejor luchador, sino que también sabía contar las mejores historias, y se estaba preparando para dar la campanada, eso creíamos.

"Las listas serán el concurso oficial de la baronía", empezó a contar sobre un próximo evento en el que combatientes de todo un determinado territorio, éste nada menos que la cuenca del Pacífico, se reunirían en un concurso de armas. Era algo muy parecido a los caballeros medievales a los que intentaban emular. Ahora, toda la práctica a la que se habían sometido sería puesta a prueba.

"¿Dónde tendrá lugar?", preguntó un joven.

Aquí, Kate tuvo su oportunidad de mostrar información privilegiada. "Está en Japón", anunció. La reunión se dividió en pequeñas y animadas astillas. Kate se sentó junto a Ogre en el sofá, radiante como una bombilla nueva. Aún no sabía si iba a ir con él o no, pero parecía contenta.

No muchas mujeres se convertían en luchadoras, aunque estaba abierto a todas. Una vez lo intenté, pero para mí era mucho más divertido vitorear a tu campeón que recibir un golpe en el muslo que debería haber estado protegido por un escudo. Mucho mejor así, créeme.

Hablando de campeones, han pasado unos meses y aún no hemos visto al mío blandir una espada. De hecho, no acudía a todas las reuniones o sesiones de práctica, y me preguntaba si alguna vez resistiría la prueba. Sin embargo, no tenía ninguna obligación y, fuera cual fuera el resultado, la gente se iba a burlar de él durante un tiempo. Además, las probabilidades estaban en su contra, así que, si era lo bastante valiente como para demostrarlo, quedaría bien.

Quedarme con Sue y su familia era divertido, y ella protestaría por la idea de que yo estuviera bajo sus pies, pero no podía imponérselo por más tiempo.

CAPÍTULO DIECISIETE

BEVERLEY ESTABA MÁS EMOCIONADA QUE de costumbre cuando quedamos para comer. "Mi tío accedió a dejarnos alquilar el garaje convertido", dijo en lugar de llevarse el trozo de pollo a la boca. "Tiene dos dormitorios, perfecto para nosotros".

"Genial". Sonreí. "¿Cuánto?" Fue mezquino por mi parte entablar conversación con ella antes de que terminara. Ni esa alita ni nada de lo que trajo para comer llegó a buen destino, pero bueno, rara vez la he visto probar bocado.

Parecía excesivamente eufórica, sonriente y más parlanchina que nunca. No tuve que esperar mucho cuando el autor de tanta "felicidad" se asomó, quiero decir, salió del hueco de la escalera.

Aunque, para ella, era un hombre apuesto, y hay que reconocer que lo era, en apariencia, para mí tenía el atractivo de los famosos lagartos que daban nombre a mi lugar de destino.

Se acercó y, por única vez en su vida, le dijo: "Hafa, Beverley", sin las blasfemias habituales. Le acarició ligeramente el pelo y le pasó los dedos por el cuello.

Me quedé sólo el tiempo suficiente para no parecer descortés, me excusé y emprendí una huida precipitada.

Mudarme con Beverley fue mucho más rápido que cualquier otra mudanza que haya hecho nunca, incluido el entrenamiento básico. Los chicos no querían venir conmigo. Tuve que reunirme con Fred sobre esto. Ambos eran lo suficientemente mayores, por ley, para elegir, y habían elegido. Marie iba a ir conmigo.

Les había dado a los chicos mi número de teléfono. Debían llamar si pasaba algo raro. Como todavía tenía mi identificación, encontrarme con Fred cuando tratara con los chicos no era necesario.

Sólo me quedaba despedirme de Cathy.

Iba a despedir a algunos de los niños de su guardería, ya que la jornada laboral había terminado. Fuimos a la cocina a por refrescos y, por supuesto, bocadillos. Le conté mi nueva situación con Beverley. Ella me apoyó:

"Dan tiene órdenes", anunció.

"¿En serio?" Parafraseando un antiguo dicho: "Cuando una puerta se cierra, una ventana se abre", yo me embarcaba en una nueva aventura con Beverley, así que Cathy salía de mi vida. "¿A dónde, ya lo sabes?"

Ella sonrió. "Nos vamos a Texas. Dan tiene familia allí". Vaya, era una noticia sorprendente, volver a los Estados Unidos era estupendo, de por sí, pero ir donde vive la familia, eso era especial.

Hablamos un poco más, y me fui antes de que Dan llegara a casa. Todavía tenía que dar de comer a Marie antes de instalarme. Me abrazó y nos despedimos. Todavía me reprocho por no haber intercambiado las direcciones de los padres para mantener el contacto, pero entonces no pensé en ello.

El piso era un amplio garaje reconvertido, con dos dormitorios grandes, un salón-cocina y un baño completo. Era perfecto, al menos para nosotros cuatro. ¿No mencioné a su bebé, verdad? Se llama River. Creo que nadie en CME sabía que era madre. Me quedé atónita al enterarme. River tenía edad suficiente para caminar, entre once y dieciocho meses. Ella nunca dijo, y yo había aprendido, hace mucho tiempo, para mantener mi propio consejo. Esta filosofía vale la pena. En eso, la gente tiende a confiar en ti más. Si realmente necesitas saberlo, te lo dirán. Al menos a mí me funciona así. Finalmente, me contó toda la historia del padre de River, cómo la familia intentó separarlos enviándola a Estados Unidos. El padre la localizó, se reunió con ella, y el resultado final estaba jugando en el suelo.

Ah, y mejor aún, vive colina abajo, en este mismo pueblo. Podemos ver su puerta desde la nuestra.

La buena noticia era que su corto romance con Hank no lo habría traído aquí, supuse. Ella tendría el sentido común de no tener a ambos hombres en el mismo lugar, al mismo tiempo. Eso esperaba.

Me intimidaba que Guam fuera una experiencia de aprendizaje, lo que no significaba que estos incidentes fueran lo único que había que aprender. En la escuela, cambié de especialidad un par de veces o tomé asignaturas electivas en el vano intento de aprenderlo todo. Este deseo aún seguía vivo en mí.

Ya te hablé de Hafa Books, un pequeño emporio de libros de segunda mano donde podías encontrar libros de cualquier tema.

Si Mary, la dueña, lo hubiera permitido, me habría instalado allí.

Compraba libros de cualquier cosa, aunque mis favoritos de entonces eran los de motivación. Era una época en la que empezaba a arraigar la idea de poder forjar tu propio destino.

Si los libros eran lo bastante baratos, los compraba a sacos. Pero no preguntes quién escribió qué. Excepto por dos autores, y uno era sorprendentemente, una actriz. Era una comediante que me encantaba de joven, Shirley MacLaine. Incluso recuerdo una frase, que ahora sólo puedo parafrasear. Escribió que "el alma decide cuándo va a morir". Esto iba en contra de la sabiduría convencional, tal y como yo la conocía, así que se me quedó grabado.

Otro actor en esta escena era Patricia, la otra inquilina de la casa. Tenía un hijo, un estudiante de último año de secundaria, llamado Kurt.

La mañana después de que nos mudamos, Beverley había llevado a River a casa de su madre, Patricia iba caminando por la calle. Aunque no fuera caucásica, se notaba que no era nativa.

En Guam, no bromeo, ¡si ibas a dos puertas de distancia tenías que conducir! En esa época, tenían una de las tasas más altas de diabetes. Aquí, estaban rodeados de la generosidad de la naturaleza y podían comer deliciosos mariscos, a bajo precio, con verduras y cereales, como los japoneses. No, la estación de radio regaló, como primer premio, una vez, una caja de carne enlatada, la que se hizo popular durante la Segunda Guerra Mundial y una caja de cola, ya que esa era una dieta favorita. Nunca me recuperé de esto.

Patricia me vio y me saludó con la mano. Rápidamente se unió a mí donde yo estaba sentada junto a nuestra puerta "principal". "¿Eres la nueva inquilina?", preguntó mientras encendía un cigarrillo.

"Puedes llamarme Dee", dije, después de pronunciar correctamente mi nombre, que había sido muy mal pronunciado. En realidad, no sé por qué me molesto con la formalidad. Nunca escuchan la forma correcta y al final me llamarían como sea, siempre que comenzara con la letra correcta. Nos dimos la mano y, por supuesto, le ofrecí café.

Trajimos otra silla y, sin embargo, en Guam nunca bajaba de los ochenta grados, excepto durante la temporada de lluvias (nunca supe cuándo era eso), y la mayoría de la gente pasaba el tiempo al aire libre.

Estábamos en una montaña en Ordot, así que hacía más frío de lo que uno esperaría. Espera un minuto, dices. "¿Dee viviendo en una montaña?" Bueno, lo que pasa con los miedos irracionales es que todo es visual. Ahora estaba acostumbrada a subir esas "colinas". Eran demasiado discretas para parecer montañas, excepto cuando viajabas por toda la isla, lo que hice. Incluso conduje una vez yo misma. Eso era irracional, podría haber entrado en pánico. Sin embargo, no fue peor que conducir por Pensilvania, y yo también lo hice.

Patricia y yo nos conocimos, ella era maestra. Parece que todos los civiles que conocí, de los Estados Unidos, eran maestros.

Ella alquilaba un par de habitaciones en el piso de arriba. La casa era más grande que la mayoría de las que había visto en la isla.

No era Cathy, a quien extrañaría, pero fue divertido pasar el tiempo con ella.

Había tres personas más para completar el séquito. Primero estaba mi joven campeón, Adam. En una reunión de la SCA, reveló que también era un jugador. No fue una gran sorpresa, ya que había una gran mezcla, los jugadores, los fanáticos de la ciencia ficción y muchos otros de estos amantes de la ficción de género alternativo tendían a gustar más de una cosa. Siendo este el caso, y él se había ofrecido a ayudarme a mudarme, lo invitaron a jugar.

Robbie, a quien conocí en el torneo cuando Gene y yo todavía éramos amigos y me había presentado a Amway, ya sabes, era un jugador.

Él y Marie se convirtieron en rivales y pasaban el tiempo criticándose mutuamente. Ella era una elfa frívola y él un enano torpe, muy parecido a las siempre populares criaturas de Tolkien. Su auto, un Yugo, fue bautizado como el enano-móvil.

Luego, lo más importante, cuando los gatitos de Sue fueron lo suficientemente mayores, conseguí el mejor, el más hermoso, el más inteligente... bueno, basta de eso, de todos. Marie rápidamente lo llamó Theodore. Theo resultó ser el más inteligente. Cuando salíamos, después de un juego, donde no había farolas, todos mis amigos intentaban, en vano, encontrar un gato negro azabache en la oscuridad total. Él ayudaba en la búsqueda siseando mientras pasaba corriendo junto a ellos.

CAPÍTULO DIECIOCHO

LA CULTURA DEL JUEGO ATRAVESÓ la división de las diversas ramas militares y atrajo a los geeks (es decir, gente bastante inteligente que se interesa por muchas cosas, la historia y la ciencia, son las que encabezan la lista). Es muy popular en los campus universitarios en todos los lugares en los que he estado. Sin embargo, decir que mi pequeño apartamento se convirtió en el punto de encuentro de aviadores, infantes de marina, marineros y estudiantes era, en realidad, una exageración. Nunca recibíamos a más de seis personas a la vez, ni nunca hablábamos más fuerte que una banda de salsa.

Adam, cuya familia era de la marina, era estudiante, al igual que Kurt. Dianne era una infante de marina, yo era un ex aviadora y dos marineros jugaron con nosotros una vez.

A Beverley no parecía importarle. El pequeño River competía con Theo por el afecto de todos. Marie era enviada a casa de su padre cada dos fines de semana, por lo que jugaba con poca frecuencia.

Sin embargo, todavía hacía sentir su presencia.

Al principio, éramos principalmente Adam y yo. Como hice con Gene, hice que sus personajes se sometieran a las misiones más tortuosas que cualquier héroe podría enfrentar. Lo hice rescatar damiselas en apuros, en medio de una desventura tras otra.

Durante los breves intermedios, cortejaba a dichas damiselas, como la mayoría de los héroes, desde que Perseo lo hizo con Andrómeda.

Beverley y yo vivíamos en este bonito apartamento hacía ya un par de meses cuando llegaron las vacaciones. Mis hijos repartían su tiempo entre su padre y yo. Como siempre, hice lo mejor que pude para que se divirtieran lo máximo posible. Al ser mayores, los regalos no eran tan importantes. Unos pocos dólares eran mucho más apreciados. Afortunadamente, la noche de navidad la pasaron con su padre. Era más seguro. En la base, las armas de fuego estaban restringidas y los disparos se limitaban a los SP en su campo de prácticas y nunca en celebración, no como en el pueblo, donde los fuegos artificiales y las balas competían por el ruido y nos hacían mantener la puerta cerrada y saltar cada vez que se acercaba demasiado.

Adam se rió de mí mientras intentaba esconderme detrás de él o de uno de los otros.

Robbie estaba allí y también Dianne.

Dianne tenía cuarenta años y era la mayor de los que jugábamos en nuestra casa. Además de echarse el desodorante en la mesa, a la vista de todos los chicos, solía emitir un sonido que parecía el de las sillas raspando el suelo, y le echaba la culpa al pobre Theo. Había otras cosas, pero creo que es suficiente para dar una idea general de cómo era.

Kurt se había unido a nosotros, casi tan pronto como nos conocimos, y tuve la oportunidad de explicarle lo del juego.

Mientras tanto, Fred y yo solicitamos el divorcio. No me opuse a mucho. Él no tenía dinero y no creía que lo tuviera nunca. Me conformé con lo que los militares habían decretado que me correspondía.

Seguía trabajando. Había solicitado la incapacidad del Servicio de Veteranos y me concedieron el 10 por ciento de lo que ganaba mientras estaba en servicio activo. No era mucho. A esto se añadía un fondo fiduciario que, dependiendo del banco que lo gestionase ahora, después de que se pagaran a sí mismos, y si decidían pagar dividendos, a veces recibía un estipendio mensual. En conjunto, podía ser suficiente para vivir. Antes había sobrevivido con menos.

En mayo, el divorcio estaba finalizado. Mirar hacia adelante era inútil, como parte de la comunidad militar, uno simplemente hacía lo que le decían, por lo que planificar no tenía sentido. Además, requería más sabiduría de la que yo tenía en ese momento.

Tenía amigos que venían a casa a menudo, así que estaba feliz.

Llegó la tarde del viernes y, como era el final de la jornada laboral, los hombres se habían reunido para su dosis semanal de cerveza.

Salí por casualidad por una puerta por la que no suelo salir. Algunos de los trabajadores levantaron la vista y saludaron en silencio con las latas en alto.

Hank levantó la vista y, sonriendo, se acercó. (Nunca antes me había sonreído). "Oye, Dee", saludó. "Tengo una grande". Tal vez esperaba impresionarme con esto.

"Vaya, Hank", respondí. "Eres una grande". Mientras me iba, pude escuchar a muchos riéndose.

El trabajador del departamento de trabajo tenía razón todos esos meses atrás. Todo lo que podía pensar era que me había ganado un poco de venganza.

En ese momento, no había mucho más que pudiera hacer de todos modos, así que ¿por qué preocuparse?

De todos modos, con las reuniones de ventas de Amway, ver a los que lo lograron y la creciente montaña de libros motivacionales me dieron la esperanza de que estaría bien, podría tener éxito.

Además, Ogre regresó de Japón, más fanfarrón que nunca, y con buena razón. Había ganado, sobre todos los demás luchadores. Era el mejor, y le dieron el título de "Barón". Fue un motivo de celebración, y organizamos un evento especial.

Tal vez estaba demasiado ocupado contando los detalles de sus peleas victoriosas como para recordar burlarse de mí, pero estaba bien. Era un narrador entretenido.

Kate estuvo a su lado, durante todo el proceso, brillando más que un reflector.

Después de que se finalizó mi divorcio, invité a amigos a celebrar. Adam se reía, hablando de su última aventura. Era parte del estilo de vida, contar historias sobre tus éxitos o fracasos, incluso los imaginarios, como lo estaba haciendo él en ese momento.

Estábamos en la oscuridad total de la noche de la isla del Pacífico.

Cuatro jóvenes estaban reunidos en el césped. Dianne ya no estaba entre nosotros, nos habíamos enterado de que odiaba los cigarrillos. Incluso Adam, que hasta entonces no había tocado uno, encendió uno y la "dejamos sin humo". Entonces, Marie y yo volvimos a ser las únicas jugadoras de nuestro grupo.

Los chicos estaban ocupados en la actividad habitual, cuando nos reuníamos afuera por la noche, de intentar atrapar a Theodore. Por supuesto, Theo se unió de todo corazón, emitiendo breves y alegres chirridos mientras se movía entre sus piernas, burlándose de ellos como si entendiera de qué se trataba el juego.

Adam se abalanzó para atrapar al escurridizo gato y me atrapó en sus brazos. Aprovechando la capa de invisibilidad, me besó—un contacto largo y tierno—y se separó solo cuando Robbie nos recordó que habían venido a jugar.

Al pasar todos esos fines de semana largos, cuando éramos solo nosotros dos, y al escucharlo cortejar a las damiselas de mis historias, no me di cuenta de que se estaba diciendo más.

Dentro, intentamos dar la ilusión de calma y, como hacían los okinawenses, a quienes les enseñaba inglés, nos sentábamos cerca unos de otros, pero sin tocarnos, apenas mirándonos. Estar con los demás en ese momento era un periodo de incomodidad, era algo así como hacer el examen de conducir.

Después del partido, nos quedamos solos. Se aclaró la garganta. "Me gustaría irme a casa ahora".

"Claro". Fui a mi habitación a buscar las llaves.

A menudo llevaba en auto a otros jugadores. Lo hacíamos los unos por los otros, si éramos miembros de un grupo.

En mi habitación, traté de procesar lo que acababa de pasar. No era la primera vez que un hombre blanco me encontraba atractiva. Había tenido algunas propuestas antes de alistarme. Nunca llegaron a nada. Legalmente, hay una ley de incumplimiento de promesas. ¿Se aplica si el demandante es una minoría?

Me parece que había una gran excepción en lo que a nosotros respecta, para muchas cosas.

En realidad, en ese momento, la única cosa que podía pensar era lo mucho que me gustaba Adam.

De camino a la base, empecé: "Supongo que tenemos que hablar".

Normalmente parecía decidido, tan directo como un barco bien capitaneado abriéndose paso entre las olas. "Fue un error". Su voz era grave. "No era mi intención".

Había leído sobre ser asertivo. Este parecía un buen momento para intentarlo. "En realidad, yo también estoy involucrado en esto".

"Lo siento". Su perfil estaba grabado en la tenue luz. Parecía el típico pagano de las cortes medievales, alto, delgado, con el pelo liso y arenoso, cortado largo, pero acorde con la época. No pude averiguar si su bravuconería al aceptar el reto de luchar contra Ogre era verdadera confianza en alguna habilidad secreta o sólo la fanfarronería en la que muchos se empeñan.

Entonces dijo: "No estoy preparado para una novia".

Sabía que no debía insistir. Estaba en el lado equivocado de la cuestión. A menudo he estado en el lado equivocado de muchas cuestiones. No había nadie que me defendiera, nunca lo ha habido.

Mi padre iba a contratar a un abogado para el divorcio cuando volví de Japón. Entonces me hablaron de una oscura ley que protege a un G.I. de tal demanda, si la esposa no reside en el mismo estado. ¿Existe realmente esa ley? ¿Cómo podría obtener una segunda opinión?

Desde entonces he aprendido que la ignorancia no es felicidad. Es un medio de sometimiento. Me costará mucho darme cuenta de ello. Sin embargo, mucho había que hacer para que alguien como yo tuviera las mismas oportunidades.

Este no fue el final del tema entre Adam y yo. Durante el fin de semana siguiente, él no se unió al juego, pero la semana siguiente, decidí ser atrevida. Fue muy aterrador. Algunos lo comparan con ponerse de pie para hablar ante un grupo. Yo también lo he hecho, ante un micrófono. En lugar de avergonzarme a mí mismo, los abarroté. Fue una experiencia que me cambió la vida, me había vuelto menos tímido. Me viene a la mente una frase. "La fortuna favorece a los audaces". Hace poco empecé a usarla.

Entonces no conocía la frase. Sin embargo, una semana después, marqué el número de Adam. Estaba asustada, pero pregunté por él.

"Hola, Dee". Sonaba como antes, bastante alegre e interesado en acompañarnos.

Como un cachorro cuyo amo acaba de darle una golosina, me emocioné. Acordamos la hora de recogida y sólo tuve que esperar.

El trabajo fue más o menos igual, después del incidente en el aparcamiento. No vi ni un pelo de Hank en varios días. Me alegré. Podía prescindir de él.

Así que no lo vi venir. Era el final del día y estaba a punto de atracar. El controlador llegó al muelle de tiempo justo cuando yo lo hice, y cuando mi mano tocó mi tarjeta de tiempo, "Ahí estás, tú xxxx. ¿Quién te ha dicho que te j...?".

Quien sabe, qué abeja se le había metido en la cabeza. No me importaba. No me importaba lo que tenía.

Tomé mi tarjeta y, mirando al controlador a los ojos, le dije: "Adiós, Sam". Mi nota de finalidad le impresionó y me hizo un gesto de comprensión. Salí por última vez. Tardé una semana en darme cuenta de lo que había hecho. Tal vez fue mi movimiento más audaz, defender mis derechos, negarme a seguir viviendo con semejantes abusos. Había soportado tanto, durante tanto tiempo. Los maltratadores son, en mi opinión, inhumanos. Nuestro Señor nos ordenó amar. La mayoría de los maltratadores, que he conocido, profesaban seguirle, pero ¿conocen realmente sus enseñanzas?

Fue quizá la acción más imprudente y mal concebida. No tenía ningún recurso, en ese momento, ningún amigo con quien contar, a miles de kilómetros de casa. Por primera vez, no se me ocurría ninguna opción.

¿Cómo iba a pagar el alquiler? No iba a volver al modo en que había vivido durante tanto tiempo. Además, Fred se había ido, la pregunta era irrelevante. Estaba verdaderamente sola, por mi cuenta.

De alguna manera... ya había ayunado antes, para perder peso, así que no le tenía miedo al hambre.

Tenía que pensar, ¿qué podía hacer? ¿Qué iba a pasar ahora?

CAPÍTULO DIECINUEVE

UN PAR DE SEMANAS DESPUÉS de que se hiciera el decreto de divorcio, Fred y los chicos habían tomado el avión para volver a casa, su casa. A mí no me importaba su casa y estaba agradecida de no tener que vivir allí ahora. Sin embargo, mi corazón se había desgarrado, ambos chicos decidieron irse.

Ahora, diré que Adam y yo acordamos intentar una relación. Me divertí con él, me prestaba atención y me ayudaba. Se ofreció a defenderme, aunque fuera principalmente una farsa. Se basó en eso que había creado la pequeña esperanza que la mayoría de las mujeres tienen. Es por eso que las mujeres lo dejan todo para seguir a un hombre, es decir, solían hacerlo con más frecuencia hace mucho tiempo, combine esto con el hecho de que el futuro era en gran parte desconocido.

Sin embargo, había un problema. Según el decreto de divorcio, yo había aceptado solo un tercio de la pensión de Fred, así que contaba con el trabajo, del que ahora me encontraba sin él, y con los otros ingresos.

Desde entonces he aprendido a pensar en el futuro y a planificar mejor.

Entonces, fue simplemente una buena manera de librarme, no más de los pensamientos incomprensibles que estaban detrás de algunas cosas que sucedieron en una relación que duró demasiado tiempo.

No fue hasta que se fueron que me di cuenta de que la pensión no iba a llegar de inmediato.

Por supuesto, comencé a buscar trabajo y encontré un puesto bastante rápido. Me "contrataron" para vender ollas y sartenes, de puerta en puerta. Hay muchas razones por las que cada vez hay menos vendedores puerta a puerta. Después de varias semanas de inutilidad y frustración, estaba en las calles nuevamente.

Mientras tanto, Beverley y Kurt se convirtieron en pareja, aunque tratamos de mantener esto en secreto, incluso haciendo que Kurt usara la puerta trasera, para que el padre del bebé no lo viera. Kurt, ahora miembro del grupo, estaba jugando, cuando soltó: "Fui a Wendy's ayer", Beverley estaba lavando platos y se detuvo para mirarlo.

"Ray me amenazó". Ray era el padre del bebé y, aparentemente, no fuimos lo suficientemente cuidadosos.

Ray trabajaba en Wendy's. Era el local de comida rápida más cercano a nosotros, al que íbamos allí con cierta frecuencia.

Adam vio la respuesta obvia al problema. "Traeré mi espada". Esto fue inesperado, nunca nos dijo que coleccionaba. Durante el juego, como sucede con muchos jugadores, se sienten más cómodos con un personaje ficticio y, como tal, hablan y dejan saber sus sentimientos, pero luego vuelven al tipo silencioso en caso contrario. Así era más o menos él. Había mucho sobre él que no sabíamos.

Fiel a su palabra, Adam trajo un arma impresionante, tan larga como una espada larga, pero con una hoja curva malvada. Se sentó frente a la puerta principal, puliéndola con amor, a la vista de todo el vecindario.

Es curioso cómo las amenazas se detuvieron hasta septiembre, cuando la madre de Kurt encontró un trabajo en otro país y se fueron.

La celebración del 4 de julio fue tan salvaje como el Año Nuevo. Los fuegos artificiales y las balas competían por el estallido más fuerte y, una vez más, me mantuve bien lejos de la puerta, mientras Kurt, Robbie y Adam estaban listos para la aventura de la noche.

Marie había decidido, algún tiempo antes, que quería vivir con la abuela. Lo entendí, ella quería comer regularmente, y contuve las lágrimas mientras nos despedimos. Estaba atrapada. La fecha en la que había acordado regresar estaba fijada. Fred ya no estaba allí para hacer ajustes. El ejército da seis meses después de que el miembro militar se fue para enviar a su cónyuge a casa, de lo contrario, tendría que regresar con mi propio dinero. Marie se fue demasiado pronto. La extrañé y había pensado en regresar con ella, pero no sabía si podría o a quién ver si cambiaba de opinión. Había perdido mi oportunidad. Con Marie y Robbie desaparecidos, otros abandonaron la isla poco después, el grupo se había reducido, volvimos a estar solos Adam y yo. Fue durante una de esas sesiones que recibí una llamada telefónica. Era un miembro del grupo SCA. Una voz masculina, que no sonaba tan tranquila como de costumbre. "¿Hola Dee?".

"¿Sí? ¿Cómo estás?". Estaba siendo alegre, como suelo intentar cuando hablo con amigos.

"No bien". Hizo una pausa. "Brian ha sufrido un accidente, un camión lo ha atropellado. Se ha roto varios huesos". Parecía que iba apurado para no derrumbarse antes de terminar, y no pareció oír mi jadeo de consternación. Adam lo oyó y se puso de pie, al tiempo que escuchaba la conversación telefónica.

"¿Cómo está?" Yo estaba muy preocupada y le hice señas a Adam para que buscara papel y lápiz. "¿Dónde está?".

"Está en coma". Le llevó un tiempo calmarse. "Estamos buscando donantes de sangre".

"Allí estaremos", dijo Adam con sencillez, pero con decisión.

Obtuvimos la información y prácticamente corrimos hacia el auto.

En el hospital, Adam rellenó los papeles necesarios y luego lo llevaron en silla de ruedas a la habitación donde le iban a hacer la transfusión.

Era difícil pensar en Ogre herido así, incroyable, la palabra francesa para increíble. Estábamos demasiado acostumbrados a pensar en él como invencible. Si vivía, no quería pensar en la alternativa. Como me enseñaron desde pequeña, estaba orando por ambos.

Adam se ofreció a dar la máxima cantidad permitida. Cuando una enfermera pasó a mi lado, la detuve para preguntarle qué necesitaba para no terminar en el hospital.

Después de que lo sacaron en silla de ruedas, trató de ponerse de pie y caminar hacia mí, con las rodillas dobladas. Yo estaba a su lado para sujetarlo y ayudarlo a volver a sentarse en la silla de ruedas. No necesitaba impresionarme. Este acto desinteresado de donar sangre no necesitaba una repetición.

La relación que Adam y yo habíamos acordado duró poco.

Sin embargo, el vacío se llenó casi con la misma rapidez. Encontré una nota en el centro recreativo de un grupo en una zona de viviendas ubicada en, entre todos los lugares, Nimitz Hill.

Como estaba "soltera", me aventuré a buscar a estas personas.

Las indicaciones me llevaron por el camino largo, subiendo una suave pendiente.

Como dije antes, todo es visual, así que esto no me preocupó como lo habría hecho de otra manera, pero no tenía idea de dónde estaba realmente.

La primera reunión fue bien. Ben, el sargento, parecía amigable. Había otras tres personas con él. Su esposa no jugaba. No es de extrañar. Las jugadoras eran muy raras. Una mujer que dirigiera un juego, como yo, era casi inaudita. Esta "barrera" nunca me ha detenido. Desde la universidad a la que asistí hasta el MOS que aprendí en la fuerza aérea, de hecho, me enorgullecía de mí misma: cuanto más difícil era el obstáculo, si calificaba, lo intentaba.

Después del juego, pensé que tal vez Adam pudiera ser convencido de unirse a mí allí.

Jugar era una tentación demasiado tentadora. No hizo falta mucho convencimiento. La siguiente sesión, aceptó ir, solo si podía conducir.

Admito que cuando me lo pidió, yo era la típica mujer. Le entregué las llaves, muy feliz de que me acompañara.

Solo aquellos de ustedes que han estado en este pedazo de propiedad inmobiliaria conocen el desagradable secreto que se esconde allí.

"¡Dios mío!", grité cuando vi la pared perpendicular que debíamos escalar para llegar a nuestro destino. "Adam", le supliqué, "sé otra manera... Vamos allá".

"Así es más rápido". Esto me hace pensar que él ya había estado allí antes, pero en ese momento no lo consideré en absoluto.

Le rogué y le supliqué. Él era peor que Fred, seguía argumentando que no estaba lejos.

Finalmente, estaba al borde de las lágrimas, y entonces dijo con una voz tranquila y tranquilizadora: "No dejaré que te pase nada".

¿Por qué me había dejado llevar?

Por suerte, casi habíamos llegado a la cima y pronto, una vez más, estábamos en terreno llano, bueno, relativamente llano, de todos modos. En el área de viviendas, el fondo distante ya no se veía. Como todo es visual, el miedo casi se había olvidado.

Ben y los demás saludaron a Adam y se encariñaron con él. Sentados alrededor de la mesa de la cocina, estábamos listos para divertirnos.

Como nuestra relación no estaba resuelta, tratamos de ser prudentes, evitando toda exhibición obvia. Nunca nos sentamos ni siquiera uno al lado del otro. Ya habíamos empezado cuando Ben preguntó: "Dee, ¿quieres una cerveza?". "Seguro". Era un acto normal de sociabilidad, era de buena educación aceptar.

Adam se levantó de su silla, un cachorro ansioso, ansioso por complacer.

Tomó mi cerveza y la abrió.

En la siguiente reunión, subimos por el camino más largo y menos empinado.

La reunión fue básicamente de la misma manera, hasta que, nuevamente, Ben me ofreció una cerveza. Una vez más, Adam se apresuró a llevársela.

En el tercer juego, Bert, uno de los otros jugadores, le dijo algo desagradable a Adam. Después de esto, no parecía tan dispuesto a ir a buscar la bebida. Incluso el tono bajo y gentil que reservaba para dirigirse a mí comenzó a cambiar. Poco después, tuvimos nuestra primera discusión.

Creo que uno debe mantener la disidencia en privado, por lo que solo discutimos en el auto, generalmente lejos de la casa. Sin embargo, como un tiburón, Bert podía oler la sangre. Los ataques fueron más frecuentes y desagradables.

La esposa de Ben, Carol, me atrapó un día, cuando no había nadie más cerca. Hoy no puedo creer lo que dijo entonces. Decía algo sobre que Bert estaba involucrado en algunas prácticas extrañas y quería involucrar a Adam.

A lo largo de los años, he oído hablar de tantos sistemas de creencias. Tanta gente realmente se adhiere a ellos y, sin embargo, decían comentarios despectivos sobre otros. Recientemente, Sue, de la SCA, habló sobre un resurgimiento pagano incipiente, ¿podría esto tener algo que ver con lo que estaba diciendo Carol?

He dicho, desde el principio, que no sé si la magia realmente funciona, pero mantendré una mente abierta.

Esto me colocó en una situación extraña, no sabía casi nada sobre estas creencias, solo fragmentos de rumores, algo de tradición cinematográfica y, por supuesto, supersticiones como llevar patas de conejo y cosas por el estilo.

¿Cómo iba a contrarrestar a Bert?

El miedo de Carol era contagioso. Quería alejar a Adam de esto. Cuando traté de advertirle como lo había hecho con Gene, me rechazó. Esto inició una serie de argumentos virulentos que no tenían nada que ver con la racionalidad.

¿Por qué los hombres son así? ¿Demasiado tercos para escuchar cuando es una mujer la que está tratando de velar por su bien?

¿O fue algo más? Como, tal vez, porque yo no era como ellas. Eso me ha pasado más veces de las que me gustaría recordar. En la universidad, una vez que el joven buscó toda una semana para mi helado favorito, poco después, me encuentro con su tía, y el lunes, rompió conmigo. Esta historia se repetía a menudo. Era muy dolorosa. Sin embargo, como tantos otros, caí en este tipo de cosas una y otra vez.

Adam y yo no volvimos a vernos sin los gritos y el dolor asociado, sin embargo, seguíamos viéndonos, pero las circunstancias eran extrañas y cada vez más bizarras.

CAPÍTULO VEINTE

CON LA GENTE QUE CONOCÍA marchándose y sin ingresos, me senté en la cocina. Algún tiempo antes, Beverley y yo habíamos comprado un procesador de textos. Era mucho más barato que una computadora y, a diferencia de una máquina de escribir mundana, podía almacenar archivos e imprimirlos.

En mi librería de segunda mano favorita, había comprado un libro de ejercicios sobre numerología. En la ociosidad, de, ennui, como dicen los franceses, cuidé mis penas aprendiendo este sistema. Era mucho más sencillo que la astrología. En una semana, lo conocía lo bastante bien como para dar breves sinopsis por teléfono. No tenía ningún plan real, y cuando tuve suficiente. Me di cuenta de que, con un poco de trabajo, podría hacer cartas. Supongo que podría venderlas, se me pasó por la cabeza. Me limpié, comí unos "fideos Ramen" y la mitad de un perrito caliente que me había sobrado. Tal vez, si me dieran algo de dinero, podría comprar un trozo de pollo para acompañar los fideos, pensé con nostalgia.

Si comprabas los fideos por cajas, costaban siete céntimos cada uno; por unidad. Beverley y yo a menudo colaborábamos para ahorrar. Ella tampoco trabajaba ya para CME, pero su madre vivía cerca y se ocupaba de River. Se había quitado un peso de encima, por ahora.

Era inútil preocuparse por lo que realmente no tenía control, y me fui a la cama.

La mañana siguiente, temprano, como todas las mañanas, Theodore me mordisqueó los dedos de los pies. Tenía hambre y me compadecí de él. Me levanté para servirle algo de comida. Como los cereales eran baratos, me los comí yo. ¿Qué iba a hacer?

Abrí la puerta para dejar salir a Theo, y en el umbral había un ejemplar reciente del folleto local.

¿Qué tenía que pudiera vender? Se me ocurrió anoche, y hoy, yo...tenía los medios para hacer publicidad, si tenía el dinero.

No estaría de más preguntar cuánto, siempre podría morirme de hambre más tarde. Hice la llamada.

Me contestó una voz masculina y amable.

Le dije: "Quería preguntarle cuánto cuesta un espacio publicitario de una pulgada". "¿Qué vendes tú?", vino la respuesta. Me quedé perpleja,

¿cambiaría el precio dependiendo del artículo?

"Hago cartas de numerología". La fortuna y los audaces, ¿recuerda? "Hmmm", sonó intrigado. "¿De qué se trata?"

Me animé. "Bueno, habla de tu personalidad y te aconseja sobre cómo tomar decisiones".

"Ya veo", respondió. "¿Me puedes hablar de la mía?".

"Por supuesto, ¿cuándo es tu cumpleaños?". Cuando contestó, le hice una breve sinopsis por teléfono.

"Hmmm". Hizo una pausa. Luego: "Te diré una cosa, tú me haces una y yo te cambio un espacio de una pulgada". Era increíble, pero le di las gracias antes de que cambiara de opinión. Me apresuré a intentar hacer un gráfico para ver si era tan fácil como pensaba.

Uno de los magnates de principios del siglo XX había dicho, y vuelvo a parafrasear, que para hacerse rico hay que fabricar un producto por muy poco y venderlo por más. Después de calcular lo que costaba en tiempo, papel, cintas de tinta y gasolina para el reparto, ¡ya estaba en camino!

Mike era un joven empresario negro, teniendo en cuenta el clima de relaciones raciales que yo había crecido conociendo, un hallazgo raro y bienvenido. La mayoría de las minorías que había conocido eran compatriotas míos, y los mayores llevaban doctor delante del nombre, tantos que, sinceramente, creía que era su nombre de pila.

A menudo me preguntaba por qué no había también negros americanos, hasta que me casé con Fred. Por alguna razón desconocida, él no reconocía que nuestros hijos fueran especialmente brillantes.

Nunca expresó lo orgulloso que estaba de ellos, pero entonces, yo era realmente la excepción, en aquellos días, en hacerlo.

Era la edad oscura.

Me alegré mucho de ver a Mike. Ser un pionero puede ser algo solitario. Ahora conocí a otro. Mejor aún, utilizó una computadora personal para construir su negocio. Me quedé asombrada.

Cuando empecé con CME, me dijeron: "Oh, sólo juega con ella (con la computadora). Ya lo aprenderás".

Eh, huh. Lo hice, y encontré el pequeño icono de manzana en la esquina, y un botón que decía: "Ampliar 10.000 X", que pulsé, dos veces.

Una semana más tarde, le pregunté al técnico en el taller de reparación, cómo se había estropeado. Me contestó: "El icono de Apple se amplió lo suficiente como para ocultar a Júpiter".

Esperaba que mi cara roja no me delatara.

Para mí, Mike era un genio. Su opinión era oro. Leyó la carta, con la misma exasperante manera de los hombres, en total silencio.

Lo dejó en el suelo, cuando terminó, y sólo dijo: "El próximo número sale el jueves".

"Ok, ok..., ¿y bien?". Finalmente, me di por vencida y me dirigí hacia la puerta.

"Es interesante. Puede que se venda".

Así es como te aprietan las tuercas, siendo minimalistas cuando se trata de cumplidos. ¡Grrr! Pero lo acepté.

El jueves por la tarde, sonó mi teléfono. La mayoría de mis amigos se habían ido. No teníamos ningún partido que organizar, así que... "¿Hola?" Contesté.

"¿Funciona esto de la numerología?", preguntó la voz al otro lado.

"¿Cuándo es tu cumpleaños?". La persona que llamó me dio una fecha y volví con una breve sinopsis, tal como había hecho con Mike.

"¿Cuánto?", fue la respuesta.

Ahora tenía que pensar rápido. Realmente no había planeado tan lejos. "$25". Traté de sonar confiada. Este era un territorio desconocido.

"Está bien, ¿dónde lo recojo?".

¡Hice una venta! Ahora tenía un problema, realmente no quería que un completo extraño viniera a mi casa. "Haré la entrega", solté.

"Genial". Me dio una dirección y acordamos una hora.

Me tomó un tiempo para que mi corazón se calmara. Después de que me pagaran, podía comprar comida, no es que la necesitara, todavía tenía sobrepeso. Es solo que comer algo sería agradable.

Todo este asunto de ser dueño de un negocio era una experiencia embriagadora y adictiva: tomar todas las decisiones, ir a lugares, conocer gente y ganar dinero.

Bueno, todavía no estaba nadando en dinero. Pero yo pagaba el alquiler, compraba comida, gasolina y, de vez en cuando, algo para mí. Estaba absorta en mi éxito. No le prestaba mucha atención a Beverley. De hecho, desde que nos mudamos juntas, parecía que habíamos dejado de lado las pequeñas charlas que solíamos disfrutar para el almuerzo.

Llegó cuando yo estaba preparando la cena. Había estado en casa de su madre, que, al no ser una mujer rica, dependía de ella casi tanto como River. Este y otros hechos los fui conociendo poco a poco.

Beverley me explicó que se llamaba por su apellido. La iglesia, como en muchos otros países hispanohablantes en esa época, tenía una gran influencia. Su padre ya estaba casado y no podía casarse con su madre. En esos casos, era la iglesia la que le daba un nombre al bebé.

Se asistía a misa todos los domingos, se celebraban los santos con fiestas, tantas, de hecho, que eran casi todas las semanas. María era venerada, ocupaba un lugar destacado entre ellos. No me sorprendió oír la leyenda de la "María Caminante". Simplemente archivé la información, ya que tenía tantas otras cosas.

Me desvié del tema. Su expresión me indicó que había algo serio que discutir.

"Ray volvió a tocar mi ventana anoche". ¿Otra vez?

"Ha estado haciendo eso todas las noches desde hace un tiempo". Enroscó un mechón de su cabello largo y oscuro alrededor de su dedo índice. "Le digo que no".

"¿Entonces por qué sigue volviendo?"

Su rostro, por lo que pude ver, cuando inclinó la cabeza para mirar al suelo, estaba rojo carmesí. "Lo dejé entrar".

"¿Por qué?" Normalmente no soy monosilábica. Si sus acusaciones eran ciertas, estaba describiendo un crimen. Estaba empezando a hervir lentamente.

Su angustia se tradujo en sus pies arrastrando los pies por el suelo. "No paraba y tenía miedo de que despertara a mi tío".

No podía verme abofeteándome mentalmente la frente, varias veces.

Eso hubiera sido lo mejor que hubiera pasado. De pronto comprendí la importancia de una doncella, la chaperona española, a cargo de jóvenes impresionables, quiero decir, ¿me atrevo a clasificarla como una mujer?

El defensor de nuestro honor, con su espada de aspecto cruel, no iba a volver. La tarea recaía sobre mí, protegerla de la violación. Ya había asumido esa tarea para otros antes. Estaba formulando un plan. No tenía que esperar mucho, pero tenía que quedarme despierta. Ser "latina" con la costumbre de festejar hasta el amanecer, a menudo en mi juventud, hizo que esa tarea fuera más fácil.

Me senté, en silencio, en la sala de estar oscura.

No. No era un reloj, pero todavía era de madrugada cuando escuché los golpes en el vidrio. "Beverley, ¿debería llamar a la policía?", llamé, un poco más fuerte de lo normal.

Los golpes continuaron. Golpeé la puerta, ella no había respondido. "Estoy marcando el teléfono". Un par de segundos después, "La policía llegará pronto".

Esperé hasta que finalmente abrió la puerta. Llevaba una camiseta demasiado grande y zapatillas deportivas. "Gracias". Estaba perturbada.

El té era un buen relajante y nos quedamos despiertas un rato para saborear nuestras tazas y para que ella se calmara.

CAPÍTULO VEINTIUNO

PUEDE QUE ROBBIE ME HAYA PRESENTADO a Amway, pero como se relajó en su actividad, busqué a su línea ascendente—Teresa y su esposo, a quienes les presenté cuando recorrimos la isla y vimos a los delfines jugar y divertirse en las profundidades del océano.

Teresa pasó mucho tiempo conmigo. Estábamos sentadas en la espaciosa cocina en su casa de Agana, tomando café, y yo lamentando la partida de Adam. "Es la mujer la que dirige hacia dónde va la relación", dijo ella, cuya cultura era un matriarcado. Si hubiéramos sido iguales, sé de muchas lágrimas que nunca se habrían derramado.

Personalmente, creo en las asociaciones y los esfuerzos cooperativos. Habiendo trabajado al lado de hombres en los términos militares y jugando junto a ellos durante varios años, ahora no veo por qué eso no es posible. Además, tenía un amigo, un marine, en Japón, con quien me senté mientras me contaba de una carta de "Querido John" que había recibido. Las rupturas son dolorosas, sin importar quién seas.

Teresa y su esposo eran una pareja sociable. Era una buena idea desde el punto de vista comercial, dada la naturaleza de este tipo de marketing. Organizaban reuniones internas frecuentes y estaban en camino al éxito.

Cada reunión comenzaba con la historia de cómo la pareja que trajo el negocio a la isla lo logró. Los obstáculos, los éxitos, la reacción de la gente ante eso eran los favoritos entre sus invitados. Todo el mundo parecía saberlo bien.

El hecho de que fueran una pareja birracial parecía haber escapado de la atención colectiva.

Para mí, ya que, entre la gente de mi país, era algo común. Así que me resultaba desconcertante que la película Amor Sin Barreras llamara la atención sobre esa posibilidad.

No me importaba la raza o el origen étnico de una persona. Para responder al dilema, a menudo he oído a hombres (en películas) expresar que lo que las mujeres que he conocido quieren es simplemente esto: un compañero que las ame y las honre y que las ayude con lo que sea necesario para sobrevivir.

La historia y la sociedad han perjudicado a las mujeres, alegando que no éramos tan capaces. Esa y otras excusas eran habituales contra las personas que eran simplemente diferentes, independientemente del sexo.

¿Por qué? No es lógico.

Pensé que el compañero que me amaba, me honraba y me ayudaría era Fred. Podría haberlo sido, pero se perdió en la traducción. Todas las indicaciones de cómo me perseguía me hicieron pensar que él era ese compañero. Puede que me haya equivocado.

Quizás también interpreté mal la acción de Adam. Si este es el caso, no debo ser tan brillante como todos los puntajes de mis exámenes han indicado.

Bueno, de todos modos, conocer a la pareja más destacada de nuestra red fue inspirador. Diferentes personas pueden, si lo eligen, llevarse bien.

Tuvimos tiempo para que habláramos después, y se me escapó que había comenzado un negocio de numerología. Nadie tenía idea de qué era, así que me hicieron muchas preguntas. Todos querían saber cuál era su número y qué significaba.

Fue divertido y nuevo aquí, despegó como lo había hecho la astrología en los años 70. Un anuncio y estaba ganando lo suficiente para pagar el alquiler y más. Además, los clientes siempre pedían más. Como estudio rápido, pude proporcionar lo que pedían. Así que no necesitaba ni echaba de menos vender ollas y sartenes, que era una habilidad útil a la que recurrir, pero en realidad no hay muchos que sepan hacerlo bien.

Después del accidente de Brian (Ogre), el corazón del grupo se fue desprendiendo. Hasta que le dieron el alta del hospital, las reuniones eran menos frecuentes, pero seguía siendo nuestro barón, pues había ganado el título en Japón. Era muy querido y admirado.

Cuando mejoró, Brian tuvo un nuevo plan—la reunión más grande de miembros de la sociedad durante una semana de travesuras y caos, y una alegre jarra de cerveza. Se llama Pennsic y se celebra todos los veranos en Pensilvania. Tenía previsto volver a casa, a Estados Unidos. Esta idea le levantó el ánimo y tal vez no fuera él mismo del todo, pero con esto que esperar, no tardaría mucho.

Así que se puso a conseguir promesas de todos de volver a reunirse en Pensilvania.

CAPÍTULO VEINTIDÓS

LA VIDA CONSISTÍA PRINCIPALMENTE en hacer gráficos y entregarlos. Al relacionar la apariencia y el estilo de vida del cliente con el número, aprendí mucho sobre esta antigua "ciencia". La forma en que se desarrolló la disciplina y los diversos usos que se le daban dieron lugar a conversaciones fascinantes y fueron una gran oportunidad para conseguir nuevos negocios.

Beverley encontró "trabajo" como "chica que me invita a beber". Lo sé, suena como una mala interpretación de la dificultad de los orientales con el inglés, al estilo de Hollywood.

No, honestamente, eso es lo que me dijo que estaba haciendo.

Me alegré mucho de que Marie se hubiera ido para que no se enterara de esto.

Beverley debe haber estado desesperada. El bar "contrató" a una BMDG para que hablara con los clientes, era un invento japonés, una geisha moderna, mientras él compraba bebidas.

¡Dios mío!

Se quedaba con la diferencia entre el costo de una bebida normal y la suya, que era mucho más cara. Si quería ganar más, había una habitación en la parte de atrás, bastante conveniente. ¿Dónde iba a parar? De no ser por Kurt, no le habría prestado atención a ninguno de los hombres que la perseguían. Allí estaba ella, su tío la había enviado a los Estados Unidos para que estudiara en la universidad, ¿y eso era lo que estaba haciendo?

Sin embargo, estaba ganando dinero y visitando algunas de las otras islas, con todos los gastos pagos. El nivel de crímenes contra mujeres jóvenes y bonitas aún no había aumentado tanto. Ella era sólo mi amiga, no mi hija. ¿Habría escuchado mis advertencias? En mi experiencia, esto rara vez sucede. Además, mis palabras, en comparación con los 3000 dólares mensuales que ahora ganaba, no fueron bien recibidas.

Ella se había ido a una de esas excursiones a otra isla, mientras yo estaba en casa lavando los platos. Theodore estaba durmiendo debajo de la mesa, cuando escuché un estruendo fuerte y cada vez más fuerte. Había escuchado el sonido varias veces, cuando tomé el tren, el metro o algo así, antes.

Ordot estaba en una montaña, y nunca había escuchado el tren pasar por allí antes.

Fui a buscar la fuente por la puerta trasera. Por supuesto, no había vías de tren, pero los árboles bailaban con las vibraciones. Esto no era bueno. No podía ver el origen del ruido, que a estas alturas ya impedía oír nada más. Me volví hacia la puerta del casero y empecé a llamar, y procedí a aporrear mientras el suelo temblaba ahora, gritando frenéticamente para que alguien, cualquiera respondiera ¿qué estaba pasando?

Probablemente estaban igual de aterrorizados, rezando, como muchos estaban forzados a hacer.

Esto no duró mucho, sólo una eternidad más o menos.

Aunque el suelo temblaba y me costaba mantener el equilibrio, atravesé el apartamento, salí por la puerta principal y llegué a la calle, donde no era la única que gritaba pidiendo que la rescataran.

Al vernos, corrimos a agarrarnos, tres desconocidos aterrorizados y confusos en un abrazo por la vida.

Por fin se reanudó el silencio, el tiempo suficiente para las preguntas desconcertadas. Quizá ellos tampoco habían pasado nunca por algo así. Nadie tenía respuestas. No teníamos ni idea de lo que acababa de ocurrir.

Cuando nos aseguraron que todo parecía normal, nos separamos y nos fuimos a casa.

Theodore estaba en el sofá, aseándose, totalmente ajeno a lo que ocurría.

Un armario se había abierto y un bote de pepinillos había aterrizado en el suelo y se había hecho añicos justo más allá de donde yo estaba. Calculando el ángulo de caída, me habría dado en la cabeza si no hubiera salido a comprobar lo que pasaba.

En el dormitorio, un gran espejo, que me había hecho construir CME, se había levantado de encima de la cómoda, se había volcado y había aterrizado entre la cama y la cómoda, sin daños, pero había aterrizado formando un triángulo perfecto.

No parecía haber mucho más daño, sólo cosas desorganizadas. Había oído que los animales tienen sentido del peligro, ¿era la despreocupación de Theo una pista?

Sin embargo, fue la noticia principal en las noticias de ese día, un terremoto de 8,4 el 8 de agosto de 1993.

Cada temblor o réplica causaba más terror. Debo admitir que yo no era inmune.

La gente era reacia a aventurarse lejos de casa.

A pesar de la ausencia de daños graves, algo que, a la luz de otros terremotos, resulta increíble. Una cabaña militar fue lo único, según oí a través de rumores, que resultó dañada. Si hubo algo más, el control de los rumores no fue todo lo eficaz que debería.

Sin embargo, el terremoto dejó a todos preocupados por un posible tsunami.

La mega ola tendría el potencial de arrasar gran parte de la isla. Todo el mundo estaba a un paso del pánico.

Todo el mundo, cuando se conocieron los datos, empezó a corear "ocho, ocho, ocho" para el 8 de agosto, un 8,4.

Durante unas semanas después, tuvimos temblores, réplicas, completos extraños se buscaban en las calles para buscar consuelo y/o seguridad.

El resultado de un pánico tan prolongado y concentrado tuvo un efecto interesante para los psicólogos. Al tener la ocasión los números 8- 8-8, alguien tuvo la idea del 12/12/12, una fecha que está en un futuro no muy lejano.

El fin del mundo.

8/8/8 para el 8 de agosto, 8,4, por lo que 12/12/12 igualmente sería la fecha y la magnitud. Como nunca se había registrado un seísmo de tal magnitud, se temió que fuera el fin.

El fin del mundo.

¿Tienen los chamorros conocimientos que han eludido todos los demás profetas fatalistas?

No tenemos mucho tiempo que esperar.

CAPÍTULO VEINTITRÉS

LA NATURALEZA DE LA EXISTENCIA es el equilibrio. No es que lo mantenga, sino que busca el equilibrio. Así que el antiguo adagio "El péndulo oscila" es simplemente los ajustes para buscar este equilibrio.

Desgraciadamente, no es una situación fácil ni segura.

La ley de la física que dice "Para cada acción, hay una reacción igual y opuesta" es un intento de explicar esto.

Así que la malvada y peligrosa circunstancia de un terremoto tuvo a su paso algunos resultados positivos.

Por un lado, la gente estaba más dispuesta a reunirse, con la "seguridad en los números" por encima de todo.

En estas circunstancias conocí a Betsy. Nos hicimos amigas rápidamente y, a través de ella, conocí a un nuevo grupo de personas.

Con Brian a punto de abandonar la isla, la SCA había perdido gran parte de su esencia y no era tan activa. Incluso mi vida social de juego se resintió. La mayoría de mis jugadores habituales se habían ido.

Siendo un tres numerológico (sí, hice mi propia carta) y el tres es la mariposa social de la numerología, ahora, sin amigos, sólo tenía que conseguir nuevos. Betsy, Lisa (su prima) y Bárbara se convirtieron en el núcleo de nuestra nueva manada.

Los nuevos amigos visitaban a Bárbara a menudo. De hecho, estaba tratando de reclutarlos para mi línea descendente en el apartamento de Bárbara. Algunos vecinos estaban tomando café, mientras sus varios gatos acechaban por todas partes. Casi todos eran Calicóes, el doble del tamaño del pobre Theo.

Los amigos de Bárbara eran muy tolerantes, las criaturas eran mimadas, se les permitía estar en las encimeras, la mesa y en todos lados. Sin embargo, eran muy queridas.

Bárbara era una vaquera frustrada. Gran parte de su decoración tenía ese sabor, así como algunas de sus prendas. No estaba trabajando y no estaba segura de si era por discapacidad o por asistencia social lo que la mantenía.

Era rubia, con mechas rojizas y muy grande.

Excepto por Lisa, podría haber sido una reunión de Weight Watchers.

Bárbara tenía una pasión secreta y pronto nos la presentaron.

Nuestra proximidad y la economía influenciada por los japoneses también lo eran, así que no fue una exageración imaginarlo: karaoke. Tenía una voz envidiable y conocía todas las canciones country y oeste. Con esa biblioteca de música (los japoneses estaban enamorados de la música americana), su selección era lo suficientemente grande como para llevarnos a los bares casi todos los fines de semana.

Otros americanos, amantes de los vaqueros, también frecuentaban estos lugares. Estos caballeros normalmente nos enviaban bebidas a la mesa, generalmente antes de venir a invitarnos a bailar.

Por supuesto, esta era una alternativa divertida a mi pasatiempo habitual, pero afortunadamente también iba a reanudarse pronto.

Cuando volvimos a jugar, la última incorporación a nuestro círculo de jugadores fue un joven de Saipán. Era un poco excitable, y cuando lo llevé a mi librería favorita, me presentó un nuevo y lucrativo pasatiempo: coleccionar monedas. No pasamos mucho tiempo juntos, simplemente el suficiente para que me iniciara.

Hice muchas compras estúpidas, especialmente al dejar caer monedas en una máquina de chicles de la tienda, llena de monedas viejas, pensando que estaba comprando algo valioso.

Robbie había vuelto y también las reuniones de Amway, pero sólo se celebraban una vez por semana y dejaban mucho tiempo para otras cosas. Después de las reuniones, seguí entreteniendo e intrigando con la numerología. Aunque ya tenía bastante trabajo, todavía no vendía a todo el mundo. Seguía trabajando en ello.

Mientras tanto, llegó la advertencia de Carol, de Nimitz Hill, ¿recuerdas? Temía que Bert estuviera involucrado en actividades clandestinas y estuviera tratando de involucrar a Adam. Él nos abrió una brecha, empezamos a discutir y a gritar. Esta fue la razón por la que no jugamos en mi casa durante mucho tiempo, aunque yo seguía yendo a Nimitz Hill.

Básicamente, se trataba de magia. Aunque mucha gente se burlaba de los que creen en ella, desde que leí por primera vez un cómic en el que aparecía alguien que utilizaba una religión "primitiva" de mi tierra natal, basada en la magia, me he encontrado con muchos que se consideran "avanzados", que creían en la magia, la utilizaban y pensaban que la conocían.

Personalmente, me mantengo al margen del debate, ya que incluso la ciencia se involucra en la especulación.

La advertencia de Carol despertó mi interés, ya que las cosas comenzaron a deteriorarse entre Adam y yo. Me preocupé y, finalmente, entré en pánico, ya que comenzaron a suceder cosas extrañas.

Que él no respondiera a mis llamadas era normal, pero cada vez que nos encontrábamos, como en las prácticas de combate, me tenía que desviar del camino: ya fuero porque la carretera a menudo estaba bloqueada, los accidentes impedían el acceso fácil y se me dañaban los neumáticos o simplemente me perdía. Cualquiera de estas cosas, por sí solas, no llamaría la atención. Sin embargo, cada vez que sucedía, comencé a cuestionarme.

No quería respuestas a lo que estaba sucediendo, basadas en supersticiones, pero ¿a quién podía preguntar? Esa gente, tanto los menos desarrollados como los que en su historia han enviado hombres a la luna, tenían entre ellos a los que creían en lo oculto. Parecía que era con ellos con quienes me estaba topando. Scott, un joven ingeniero que vino a la isla para enseñar, era amigo de Robbie. Fueron algunos de los últimos con los que jugué. Scott, aunque se ocupaba de las matemáticas y la ciencia, se consideraba un experto en conocimientos esotéricos.

Hablé de los libros que leí, entre ellos, los libros de motivación, que afirman que puedes lograr y conseguir lo que quieres. "El problema con la mayoría de estos libros", y es una queja, "es que las instrucciones son imprecisas. Hay muchas historias y testimonios como prueba. Eso realmente no es evidencia".

En respuesta, él me aconsejó: "Escribe tus deseos en un papel y quémalos a la luz de la luna".

Hmmm, interesante.

Me recordó a una amiga de Connecticut. Ella compró un libro de magia, éramos adolescentes en ese entonces. Nunca dijo si funcionaba. Pensé que debería haber ahorrado su dinero. Cuando pueda mostrar pruebas empíricas, tal vez, mientras tanto, seguiré buscando esa clave esquiva de la que hablan los libros.

A pesar de estos desafíos, todavía quería hablar con Adam. Nunca tuve una razón legítima para nuestra ruptura, solo que él no quería una novia, todavía. Entonces, ¿qué fui yo el último mes y medio? ¿No tenía derecho a opinar? Las mujeres han estado luchando por la igualdad desde que yo estaba en la escuela, mejor dicho desde antes, si se conoce la historia.

También estábamos en un tiempo y lugar diferentes, antes del movimiento por los derechos civiles. Tal vez crecer donde yo había crecido me aisló de la discriminación directa, y no me di cuenta en ese momento. Fue desconcertante.

¿Cómo puede alguien hacer creer a otra persona algo y luego hacerle tanto daño?

Traté de no pensar demasiado en eso, así que tuve amigos.

Un día, todos los habitantes de la Tierra se darán cuenta de que todos somos parte de la misma especie. Todos descendemos de la misma fuente y tenemos el mismo creador.

Un día, nos daremos cuenta de que, para ser felices, uno puede intentar hacer feliz a otra persona. Descubrí que no hay mayor alegría que ver a alguien sonreír por algo que yo he hecho, dicho o dado.

Además de Betsy y compañía, estaban mis asociados de Amway. Teresa, Robbie y mi línea ascendente, y sus primos eran muy divertidos para hablar. Como chamorros, tenían una perspectiva matriarcal. Después de decirme que las mujeres determinan la dirección de una relación, me interesó mucho escuchar más joyas de la filosofía isleña. Nos habíamos reunido, una reunión de networking, pero no de las grandes patrocinadas por los vendedores originales, solo un pequeño trato donde animaban y aconsejaban a las personas.

A menudo tomábamos café después, y podría ser porque yo demostraba interés en su cultura, pasaban tiempo conmigo.

Teresa estaba sentada frente a mí en la mesa. Esta casa estaba en Agana, la que usaban cuando Hideo trabajaba. Bebió un sorbo de café y hablamos de algunas cosas, mi negocio era solo una de ellas. He notado que dondequiera que iba, había una creencia en algo más que nosotros mismos.

Sus creencias estaban más en línea con lo que enseña la civilización occidental, pero cuando se trataba de relaciones, el desconcierto de los humanos en todas partes, tenían una observación. "Cada nuevo novio", decía, tal vez para consolarme por el divorcio que les pareció impactante "tiene algo similar al anterior".

Sonreí ante eso. He aprendido a no discutir, y como la mayoría de las cosas que escucho, a menos que tenga una prueba irrefutable, simplemente almaceno la información.

Desde que dejé la escuela secundaria, quería aprenderlo todo. Era una meta monumental. Ahora no creo que sea posible para ninguna persona. Sin embargo, incluso hoy no he dejado de intentarlo. Tal vez lo que dijo tenga mérito. En mi juventud había escuchado que "la verdad es más extraña que la ficción".

Esta no era la única fuente de información, particularmente sobre sistemas de creencias. Sue, durante una de nuestras reuniones de la SCA, nos contó sobre una amiga suya que se hizo wiccana. Para mí era algo nuevo en ese entonces. Desde los juegos de Nimitz Hill, he conocido a más personas. Tenían una fuerte creencia en la magia. Pasé tiempo tratando de analizar lo que había estado leyendo en los libros de motivación y lo que decían estas personas y reconciliándolo todo con el motivo por el cual la gente cree. Es la vieja pregunta: "¿Qué nos impulsa a adorar?".

Tal vez sea como se ha dicho de la mitología, los humanos tratando de darle sentido a todo. Como he notado, no importa mucho cuál sea tu origen racial o étnico, cualquiera puede creer en la magia, así que mirar con desprecio a algunos que lo hacen, mientras que tú crees en otra marca, no es justo.

Todos estamos a la deriva en este universo juntos. Deberíamos compartir lo que aprendemos y tal vez mejorar nuestra suerte colectiva.

Sin embargo, no debo descuidar esta pequeña joya que encontré. Fue escrita por la actriz Shirley MacLaine. Parafraseo: "El alma determina el momento de su muerte". Era muy diferente de lo que había escuchado antes, algo que, de ser cierto, empoderaría al individuo. Lo guardé, como tantas otras cosas.

CAPÍTULO VEINTICUATRO

MIENTRAS EXPLORABA NUEVAS posibilidades, recorriendo diferentes libros, para ver cómo lograr lo que algunos decían que era factible, alcanzar los propios deseos, Beverley encontró otro apartamento.

Pasó por más cambios que River su bebé.

Recibo la noticia después de que ella llega una noche, y cenamos, Wendy´s sirvió un pedazo de pollo por un dólar. Yo tenía mis fideos, y ella, como una chica trabajadora, podía permitirse el lujo de comprar arroz para acompañar su comida. Como he dicho antes, ella toma dos bocados, empieza a hablar, y ya ha terminado de comer. En consecuencia, mantenía su diminuta figura. Sólo esperaba que no sufriera un colapso, ninguno de las dos podíamos permitirnos ir al hospital y ¿quién cuidaría de la pequeño River?

"He encontrado otro apartamento", me anunció.

"¿En serio? ¿Dónde?" Me explicó que no estaba lejos, pero no me invitó a compartirlo. En vez de eso, dijo: "Estoy preocupada por Ray. Siempre está vigilando aquí. No puedo ir a ningún sitio ni invitar a gente sin que él diga algo". Las soluciones pasadas al problema de este ex fueron temporales en el mejor de los casos, incluso, aparentemente fue enviarla a Chicago antes de que él la siguiera y la dejara embarazada.

Ya había oído hablar de los celos locos y sabía que eran algo peligroso. Esperaba que ella hubiera encontrado un lugar donde por fin pudiera obtener algo de paz de él, aunque lo dudaba seriamente.

"Voy a necesitar ayuda para mudarme. Mamá puede cuidar a River mientras lo hago".

Qué más podía decir, excepto: "¿Cuándo planeas mudarte?". A lo que ella respondió, "A fin de mes. George me ayudará con las finanzas. Lo hablamos en Panapei la semana pasada".

Repasar las precauciones sería inútil. "¿George?"

Lo que pensé en español no es digno de imprimirse. Pero mucho de eso estaba pasando por mi mente en ese momento. Y no sé mucho español.

¿Quién era George? Lo último que supe es que era Pedro.

¿Ella planea? ¿Considera las consecuencias? Sin embargo, me dio dos semanas para encontrar mi propio lugar.

Oi veh.

Teniendo que ser ingeniosa, discutí esta situación con Betsy y su prima, Lisa.

El momento perfecto: Lisa estaba buscando su propio lugar, con sus dos bebés. Hablamos de financiación, tema que me pareció muy interesante, sobre todo porque he tenido que ser muy creativa al respecto. Con la economía impulsada por los japoneses, los precios eran altos. Tú recuerdas, los japoneses, los que según los rumores compraban tierras a seis millones el acre, una suma que todavía me cuesta creer.

El problema es que no había Internet para verificarlo y, al no ser nativa, mis contactos, sobre todo ahora que se habían cortado mis lazos con el ejército, eran inexistentes.

Lisa nos acompañó varias veces a noches de karaoke. Hablamos entonces, pero no en profundidad.

Hoy, ni soñaría con alquilar con alguien con tan breve y asociación, pero la opción fue presentada y aceptada.

Arreglado el asunto, nos pusimos a buscar un sitio barato.

Nuestro apartamento era mucho más grande que el garaje convertido, con mucho espacio en la cocina para entretener. Lisa, como era filipina, comía arroz. Gran parte del mundo vivía de este maravilloso grano. Lástima, aunque no siempre se acompañaba con una de la amplia gama de judías (frijoles) y lentejas, entonces sería perfecto. Sin embargo, Lisa vino con su propia arrocera, y una plétora de cuestiones.

Era increíble. Ella tenía que saberlo todo y hacer comentarios sobre todo e intentar que lo hiciera todo a su manera. Incluso se cuestionaba el tiempo privado.

Lo último popular era la aromaterapia y encender de velas. La luz de las velas es fascinante y relajante. Compré algunas. No podía permitirme muchos lujos, así que, en mi habitación, con la puerta cerrada, encendí un par. La primera noche me preguntó y se lo conté. Por supuesto, no fue para tanto.

Al día siguiente, estaba descansando, con un par de velas encendidas, y cerré los ojos para relajarme.

Entonces sonó un fuerte golpe en la puerta. "¡Abran!", gritaba, "¡La policía está aquí!".

Mi primer pensamiento fue que había algo por lo que nos habían ordenado evacuar. Estas casas viejas a veces tenían escapes de gas, y una vez tuve un vecino que disparó y mató a su compañero de piso. Había oído muchas historias en todos estos años, así que, preocupado, me apresuré a abrir la puerta.

El agente de policía me miró, y su mirada se dirigió hacia abajo. "Esta mujer tiene una denuncia contra ti", dijo mirando a Lisa.

Lisa se acercó y me señaló con un dedo acusador: "Es una bruja", gritó con toda seriedad.

¿Qué demonios?

"¿Qué pruebas tienes de esto?"

"Ella quema velas." Estaba enojada, tal vez asustada, pero ¿de qué? No podía creerlo, estábamos en el siglo XX, el pensamiento científico debería haber sido la orden del día.

Si alguna vez tuve que mostrar moderación, era ahora. Me ceñí mi porte militar y cuando me preguntó si eso era cierto, respondí afirmativamente. ¿Por qué no? La luz es relajante y olía maravillosamente. La aromaterapia era la última moda.

"Bueno", pareció reflexionar sobre la gravedad de la acusación antes de decirle "Señora" a Lisa, "no es un crimen quemar velas, o ser una bruja, así que a menos que tenga más quejas…"

Lo que me pareció increíble fue que, el día anterior, nos habíamos tomado una foto juntas, con su brazo alrededor de mí.

¿Iba a ser impulsiva y mudarme? ¿A dónde? ¿Cómo? Después de que se fue, fui a mi habitación a buscar mi bolso y luego fui a mi auto y me fui.

Mucho después de medianoche, volví y la encontré sentada, esperando. "¿Estás bien?", empezó. Muy bien, por ahora la locura temporal había sido reprimida, pero yo seguía siendo cautelosa.

"¿Adónde fuiste?" ¿Las preguntas insistentes, los interrogatorios como los practicaba la inquisición española, son una señal de interés y preocupación? Me pareció invasivo, pero decidí tomarlo con calma.

"Fui a dar una vuelta".

"Oh, lo siento". Enroscó una cuerda suelta alrededor de su dedo. "Desde que tuvimos que dejar Filipinas", confesó, "he estado nerviosa".

No sabía, hasta ese momento, de dónde era. "¿La erupción?", pregunté, recordando la ciudad de tiendas de campaña en Andy South.

Ella asintió. "Escuché el ruido y las cenizas cayeron como nieve". A toda prisa, me contó cómo su familia tuvo que correr, las precauciones que tomaron para mantener las cenizas fuera de las narices de los bebés, el terror y la incertidumbre.

Nunca antes había conocido a nadie que tuviera que pasar por semejante peligro. A excepción de algunas ventiscas en invierno o huracanes en verano, teníamos una vida bastante estable en Connecticut. La mayor parte del mal tiempo, las cosas realmente peligrosas, se veían en la televisión. Siempre podíamos apagarla. Como dije antes, había sido emocionalmente remoto para mí, hasta los últimos dos años.

No pude ser la misma después.

Pronto nos abrazamos, intercambiamos disculpas entre lágrimas en medio de protestas de amistad eterna.

Era muy tarde cuando finalmente nos retiramos.

CAPÍTULO VEINTICINCO

BRIAN IBA A CASA. PARA la despedida, planeamos un gran evento de la SCA, celebrando con atuendos tradicionales, un concurso de armas, los diversos juegos y Garrett haciendo de bardo.

Con los luchadores vestidos con armadura y las damas, muchas de las cuales no tenían pareja, habría duelos para "proteger" su honor, por lo que luego se dedicarán a coquetear con sus campeones.

Brian, el Ogre, estaba convaleciente, por lo que la tan esperada contienda entre Adam y él no se llevaría a cabo. Kate también presumiblemente iría con él, solo podemos esperar por ella. El mayor sacrificio de la vida militar es perder el contacto con las personas que te importan. Para evitarlo, Sue y yo hablamos de emprender un negocio juntos. Teníamos nombres de sociedad similares, y hubiera sido lindo usarlos para marketing.

Ah, ser joven y estar lleno de sueños.

En cuanto a los sueños, Adam se presentó al evento. Levanté la vista cuando llegó, pero él evitó cuidadosamente mi mirada. Se mantuvo en su lado de la habitación, el opuesto de donde yo estaba. Así que lo evité también. Empezar una escena no promovería mi caso, pero cualquiera que haya pasado por una ruptura sabe cómo te retuerce las entrañas, y el dolor es grande.

Semanas después, estaba planeando regresar a Estados Unidos. Extrañaba a mis hijos, así que les compré pequeños regalos. No mucho, el espacio me lo permitía, porque la mudanza era muy limitada.

Con esto último, mis amigos estuvieron muy dispuestos a ayudarme. Lisa tomó todas las especias que había recolectado y cualquier olla, sartén o utensilio de cocina que pudiera llevarme. Bárbara, tengo que admitirlo, usaba la misma talla, así que, entre lágrimas, le entregué mi vestuario.

Había una cosa—mi orgullo—la mayoría de las mujeres también afirman que es suyo—mis buenos platos. Son un hermoso juego de porcelana blanca con un borde "platino". Ya sabes, si pudiera permitirme el platino real, mi historia habría sido diferente. Afortunadamente, nadie los pidió y los empaqué con un montón de periódicos —donados por Ian— era un componente importante en la fabricación de armas. Luego los puse en el maletero de mi nuevo auto "boonie", el rojizo Nissan Sentra.

Estábamos entrando en lo que llamamos la temporada navideña. Era Halloween, un día de celebración muy controvertido. Como no sé si existe la magia, tiendo a pensar en lo científico, algo debería funcionar a lo largo de muchos experimentos y probarse con un control para asegurarme de que se tengan en cuenta todas las condiciones. Esto nunca se ha hecho con pruebas satisfactorias de magia, así que ¿por qué el debate?

Finalmente llegó noviembre, y con él, el torbellino de las compras y la organización de fiestas, ahora que tenía un poco de dinero. Era una sensación extraña pero agradable. Podía disfrutar de las compras.

Pronto llegaría la Navidad. Betsy, Lisa y yo ideamos un plan para repartir catálogos y conseguir clientes de esa manera. Sería divertido, pero implicaba que yo condujera por la isla. No es un viaje largo, podríamos hacerlo en un día. Sería la segunda vez que lo hacía sola.

Después de haber hecho muchos viajes por carretera, mi padre tenía un caso de pasión por los viajes, y no lo sé con certeza, pero Fred, que parecía intrépido en todos los demás aspectos, puede que albergara un miedo secreto a volar, o tal vez simplemente una aversión a pagar. En cualquier caso, he viajado a muchos estados de nuestra gran nación, la mayoría de los cuales los hice en auto.

Como tengo una vena independiente, aparte de planificarlo con esos dos y decírselo a Barbara, no había mucho más que hacer. Llegó el Día de los Veteranos y fui a buscar a Betsy. Ella vivía con un novio, un obrero de la construcción. Como normalmente nos encontrábamos en casa de Bárbara, yo rara vez hablaba con él. Parece que los celos eran un pasatiempo de la isla, y él era un protagonista importante. Tenía que conocerme antes de que ella pudiera ir de compras conmigo. "Hola, Dee". Estaba almorzando, ya que sólo tenía una hora. "¿Qué pasa hoy?".

"Hola, Mike". Busqué a Betsy con la mirada.

Al verme buscar, dijo: "Está en casa del vecino. Vuelvo pronto". Me senté a la mesa. "¿Quieres una bebida?". Señaló el refrigerador.

"Sírvete tú misma".

"¿Cómo va el trabajo?". Con un refresco en la mano, me senté frente a él. No hablamos mucho cuando Betsy entró corriendo. Estaba un poco sin aliento. Después de saludarnos, tuvo que buscar zapatos, el bolso y toda la parafernalia que las mujeres suelen considerar demasiado cruciales para vivir sin ella. Repitió un par de veces las instrucciones para la cena.

"Sí, sí", gruñó. "¿Cuándo vuelves?".

Betsy me miró. "¿Para la cena?" Asentí. "Bien". Se inclinó para besar a Mike. Nos apresuramos hacia el auto y nos marchamos.

Ir de compras siempre fue una buena manera de pasar unas horas cuando no había nada más, así que nos dirigimos a Tamuning. Después de caminar por ahí durante un par de horas, hicimos una pausa para comer bocadillos.

De repente, tuve una extraña sensación de miedo, como si supiera que algo horrible iba a suceder. El 1 de diciembre debía tomar el vuelo de regreso a casa. Como soy acrofóbica, se podría suponer que temía volar. Así es como a veces funciona con un miedo irracional, solo que he estado volando desde que tenía tres años y medio. Estaba aterrorizada entonces, éramos solo mi hermana pequeña y yo. Nadie más se parecía a nosotras ni hablaba nuestro idioma. Desde entonces, he volado a menudo. No suele afectarme así. Tenía que ser otra cosa.

No podía pensar en una razón para que me invadiera tanto miedo.

Viajar en avión, nos aseguran, es la forma más segura de viajar. Bajar al océano era algo poco común. Si ocurriera esta vez, estaríamos en el

Pacífico, el más grande del mundo, con miles de kilómetros de agua. Si nos perdiéramos, ¿cuánto tiempo duraría? ¿Quién moriría? ¿Cómo comeríamos? Sin embargo, las posibilidades no pasaban por mi mente, solo la sensación.

Recordé la historia que uno de los chamorros contaba en el trabajo, durante los almuerzos que a veces compartíamos, en el restaurante vietnamita, al final del camino hacia el estacionamiento. Era sobre una estatua de la madre de Cristo, María. Los católicos españoles tienen una devoción por ella que se extiende por todo el mundo. Desde niña he escuchado muchos cuentos. Muchas otras naciones también la veneran. Tal vez fue porque Guam fue alguna vez territorio español, o fue porque escuché esta historia aquí que me impactó con el impacto que tuvo en ese momento. "Llévame a la iglesia de la 'María Caminante'", le dije a Betsy, como se llamaba esta estatua. Se decía que la habían encontrado inexplicablemente en diferentes iglesias de la isla en diferentes momentos. No me importaba si esta leyenda era cierta. Solo sentía la urgente necesidad de ir. Betsy no cuestionó. "Vamos". Me guió hasta el auto.

Condujimos en silencio. ¿Ella también sintió algo?

He tenido sentimientos similares tres veces antes—cuando murió mi abuela en Haití, cuando mi hermana anunció sus planes de boda y la noche en que murió mi padre.

En cada ocasión, algo sucedió. Dos días antes de la boda de mi hermana fue el día en que conocí a su futuro esposo. Estábamos las tres juntas en el auto cuando sufrimos el accidente que me lastimó mucho la espalda. A partir de entonces, no puedo permanecer de pie por mucho tiempo. Los paseos que daba todas las noches mientras vivía en Andy South eran lo único que me permitía soportar todas las actividades que he mencionado anteriormente. Sin embargo, después de la mayoría, me tumbaba sobre varias bolsas de hielo hasta que volvía a sentirme humana. Ese accidente fue el origen, junto con mi discapacidad en la fuerza aérea, donde engordé tanto que fue la raíz de nuestro discurso matrimonial. Gorda, torpe y casi lisiada, supongo que yo simplemente ya no era lo bastante atractiva para el hombre que me escribía dos cartas diarias durante la instrucción básica, para lo cual nuestro TI, nuestro equivalente de instructor de instrucción, me hacía hacer veinte flexiones todos los días.

La estatua estaba en la catedral de Agana, la capital. Había varias personas dentro, pero el camino hacia el altar estaba despejado. Fui directamente al crucifijo, me arrodillé y ofrecí una sencilla oración: "Protégeme a mí y a todos los que están conmigo", sin preámbulos ni florituras.

Lo dejé en manos del Todopoderoso, no había nada que pudiera hacer otra cosa. Luego nos fuimos.

A la mañana siguiente teníamos que madrugar. Íbamos a Santa Rita. Yo no conocía el camino, pero Betsy tenía familia allí. No conocía a nadie más en la isla, excepto al puñado de este lado que ya he mencionado. Si quería tener éxito en algo, tenía que ser audaz y decidida, así que allá voy...

Lisa tenía dos hijos pequeños, ambos tan jóvenes que no recuerdo que ninguno caminara. Todavía estaban en la cuna cuando me levanté y me estaba vistiendo. Sabía que no debía recordárselo ni meterle prisa. Una discusión no serviría de nada. Fui a preparar café.

En ese momento, nuestro vecino, R. Santos, asomó la cabeza. "Hafa", saludó. "¿Qué haces hoy?". A él y a algunos otros del complejo de apartamentos les gustaba sentarse a tomar café y masticar la grasa, como se dice coloquialmente.

"Vamos a Santa Rita, a repartir catálogos". Mi relación con Amway era bien conocida aquí.

Se sirvió una taza. "Bueno, ten cuidado. Está seco ahí fuera". Me encogí de hombros pensando que estaba siendo sarcástico. En las islas de coral, es cuando está húmedo, uno debe conducir con cuidado. El polvo de coral, según mi experiencia, hace la superficie tan resbaladiza como el hielo, y el auto se vuelve incontrolable.

Betsy había conseguido que la llevaran y apareció poco después. "Hafa, ¿estás lista?"

Lisa aún no había vestido a los chicos. "Yo no voy", anunció.

¿Cómo? Lo habíamos planeado durante semanas y ella estaba entusiasmada. Aún así, he aprendido a no discutir con Lisa. Nunca ganarás, y nunca terminará.

Betsy parecía estar de acuerdo conmigo. "Está bien, vamos".

R. Santos había salido y, mientras nos íbamos, nos saludó alegremente....

CAPÍTULO VEINTISÉIS

ESE DÍA NO FUI TAN OLVIDADIZA como de costumbre. El auto estaba repleto de catálogos de Navidad con cosas preciosas que ojalá tuviera dinero para comprar y mi propia casa donde ponerlas.

Había un almuerzo para llevar y bebidas. Pasarían muchos kilómetros antes de que viéramos señales de civilización.

Entre nuestras cosas, metida en una carpeta de plástico, había una tabla numerológica. Si todo lo demás fallaba, había hecho una venta. Tendríamos dinero para regresar. Yo estaba alegre, y Betsy, como de costumbre, parlanchina.

Había unos cuantos recados. Siempre es mejor amontonar tantos como sea posible, para ahorrar combustible, tiempo y, francamente, no íbamos a tener un "hazlo otra vez".

"¿Qué vamos a hacer hoy?", preguntó Betsy. Me lo tomé como una simple revisión de nuestra "lista de tareas".

Enumeré nuestros recados. "Vamos a Santa Rita a repartir catálogos de Navidad", como adicional añadí el cliente de la carta numerológica, "y vamos a encontrarnos con Paúl Santos", Paúl Pangelinan Santos trabajaba en una gasolinera Mobil de camino a Santa Rita. Como todos los demás, llamó, preguntó, pareciendo genuinamente curioso, sobre qué era la numerología.

Como a los demás, le hice una breve sinopsis, se me estaba dando bien. No fue un discurso, pero se vendió, y se vendió bien. Lo mejor fue que se lo contaron a sus amigos y hubo muchos clientes nuevos.

Si no fuera porque extraño a mis hijos, me quedaría. Esto podría allanar el camino a esa fortuna esquiva, he estado quemando dinero para averiguar cómo hacer.

Una hora más tarde, con nuestros recados "en la ciudad" casi terminados, Betsy preguntó: "¿Qué hacemos hoy?".

Volví a enumerar nuestros recados: "Vamos a Santa Rita a repartir catálogos de Navidad", como antes añadí, "y vamos a conocer a Paúl Santos".

Cuando esta conversación volvió a repetirse, me pregunté si ella estaba prestando atención. Aun así, hay que tener paciencia, así se vive más. "Vamos a Santa Rita a repartir catálogos de Navidad, y vamos a conocer a Paúl Santos".

Por qué mantuvimos este mismo diálogo un par de veces más antes de salir de Agana no podía entenderlo. ¿Tan olvidadiza era? En cualquier caso, salvo algunos pequeños retoques, terminé de la misma manera... "y vamos a conocer a Paúl Santos".

Finalmente, estábamos en el último pueblo antes del desvío hacia la ruta 17. Tal como lo describió Paúl P. Santos, era la gasolinera donde trabajaba. Encontrarlo no fue difícil, era el único que estaba allí. Un chamorro, un polinesio, de huesos grandes, fornido, pero no gordo. Tú tienes la impresión de ser musculoso, del tipo que denota poder tranquilo, del tipo que se ocupa de los negocios, más que de la variedad de gimnasio, con los cortes de "sala de exposición".

Mientras Betsy echaba gasolina, le pasé las nueve páginas a este hombre para que las leyera. Después de un par de líneas, me dio las gracias, pagó y seguimos nuestro camino.

"Fui al instituto en Agana". Betsy llenaba el silencio. "¿En serio?" Me alegré de la compañía.

Esto era suficiente estímulo, por cortante que fuera. "Fue en Notre Dame", continuó.

Esta era una zona menos densamente poblada, y a veces, he aprendido, los isleños no pueden concebir grandes extensiones de tierra y conducir durante horas sin ver ningún signo de habitación. Me han preguntado, los que no se daban cuenta de lo vasto que es Estados Unidos, "¿en qué parte de Nueva York vives tú?". La idea de que Connecticut formara parte del mismo país, aunque fuera un estado diferente, les superaba.

"Así se llamaba también mi instituto, en Connecticut". respondí. Notre Dame es el título francés de "Nuestra Señora", dado a María, madre de Cristo. Hablamos un rato de nuestros colegios hasta que pasamos por delante de un solitario parque de bomberos. Para ese momento el número de edificios había disminuido mucho, como era de esperar. Teníamos que cruzar al otro lado de la isla.

Betsy señaló el edificio para impartir un poco de conocimiento. "Este parque de bomberos se construyó allí por si había incendios de pastos más adelante". No solía aventurarse a dar muchos de estos datos útiles, ya que solía buscar la sombra de la oscuridad cuando se trataba de eso. Sin embargo, no le costaba mantenerse al día en un entorno puramente social.

Este hecho era interesante, pero no parecía pertinente para nosotras. Una vez más, lo archivé en mi mente.

Que fuéramos el único auto, los únicos seres vivos allí, no nos preocupaba, excepto cuando mirábamos hacia la cima de la colina.

Fue la cosa más increíble que he visto en mi vida, y no puedo decir cuánto tiempo estuve sentado, hipnotizado por el espectáculo que tenía delante.

Era absolutamente incapaz de moverme.

CAPÍTULO VEINTISIETE

LA CIMA DE LA COLINA estaba a quizás medio kilómetro de distancia, y era más empinada de lo que me hubiera gustado.

No puedo decir qué me mantuvo incapaz de actuar, como un conejo ante los faros de un auto que se aproximaba. Ni siquiera podía comunicarme con Betsy. Tampoco recuerdo que ella dijera ni pío durante todo ese tiempo.

En el momento en que doblamos la esquina, miramos hacia arriba y vimos un camión delante, que se desviaba de un lado a otro con aparente abandono imprudente.

Observé con horror e impotencia cómo se volcaba de lado y empezaba a rodar cuesta abajo, como lo haría un rodillo de cocina al aplanar la masa.

La carretera, como ya he dicho, era estrecha. Sentada en el lado derecho, como estaba, apenas había espacio para que otro me pasara. Aquello que se nos venía encima, lo noté mientras devoraba la distancia a una velocidad increíble, era más largo que ancho de la carretera. Iba a abarcar la distancia y tocar la pradera a ambos lados.

A esta escena asombrosa y aterradora se sumaba el hecho de que este vehículo era, de hecho, un camión cisterna de gasolina, un transportador de combustible, un combustible muy inflamable. Por su movimiento, estaba claramente lleno. Era increíblemente pesado.

Al estar en su camino, en su trayectoria, íbamos a quedar aplastadas. Si no hubiera estado petrificada durante los últimos segundos, tal vez podría haber puesto el auto en reversa, tal vez...

En ese momento, no veía nada que pudiera hacer para evitar ser aplastada, y mucho menos el incendio que se produciría. Nos habremos ido antes de eso.

No había esperanza.

De repente, las palabras que Shirley MacLaine escribió en su libro, que vi por casualidad a principios de ese verano, aparecieron en mi mente: "El alma determina el momento de su muerte".

"¡No quiero morir ahora!", protesté al universo.

En ese momento, tal vez estaba alucinando, o soñando o qué, pero creí ver una mano, una mano colosal formarse desde las nubes para agarrar y detener el camión que se acercaba.

La ley de la física, la ley de la inercia, establece que un cuerpo en movimiento permanece en movimiento a menos que actúe sobre él una fuerza igual y opuesta. En ese momento, lo único que había entre nosotros eran quizás algunas briznas de hierba y una piedra o dos, absolutamente nada de masa o fuerza significativa para detener esta cosa, esta muerte segura, y se detuvo en seco, a unos tres metros de mi parachoques delantero.

Mi primer pensamiento fue alejarnos a Betsy y a mí antes de que ocurriera algo más, como, digamos, una explosión.

Antes de poder alcanzar la palanca de cambios, vi algo por el parabrisas: el conductor. Solo Dios sabe cómo sobrevivió a todos los movimientos bruscos y sacudidas para salir y estar de pie entre los dos vehículos. No podía dejar que un ser humano muriera. Salté de mi auto y corrí a buscarlo. Estaba obviamente aturdido. No dejaba de repetir: "Va a explotar. Va a explotar". Era un hombre grande, parecido a los samoanos, demasiado grande para que yo pudiera manipularlo para que entrara en el asiento trasero de mi pequeño sedán de dos puertas. Estaba "fuera de sí", así que actué impulsivamente y le dije lo más lógico, como resultó ser. "¡Corre!". Supuse que Betsy también había salido del auto para ayudar.

Afortunadamente, hizo lo que le grité. Este hombre, el conductor, al ser fornido, habría sido un problema para nosotros en ese momento, para entrar en mi auto. Tendría que bajar el respaldo del asiento delantero y, si cooperaba, conseguir que se sentara en el asiento trasero. No vi que fuera lo suficientemente rápido.

Lo que hicimos fue decir "corre". Teníamos que poner suficiente distancia entre el camión y nosotros antes de que explotara.

El pánico dio alas a nuestros pies.

Llevaba el único par de zapatos que tenía y habían perdido las pequeñas piezas de goma que se usaban para evitar que el clavo rayara el piso. Podía escuchar, porque, al ser los únicos alrededor, no había otro que hiciera ruido, el clic-clac de los tacones de los zapatos.

No recomiendo correr con tacones.

Como tenía miedo de caerme, me quité los zapatos de una patada. Para un diabético, la amputación, si me lastimaba los pies, sería preferible a quedar atrapado en un incendio. Corrí sin ellos.

Habíamos puesto varios metros entre nosotros y los vehículos, con suerte lo suficiente para estar fuera del camino de una explosión. Como nunca había estado en uno antes, era difícil decirlo, pero teníamos un problema peor, uno del que correr no nos sacaría de allí.

A nuestro alrededor, por kilómetros a la redonda, había hierba seca como el heno, que nos llegaba hasta la cintura.

Cuando el camión cisterna explotara (no si lo hiciera), una chispa haría que todo estallara como un yesquero. En poco tiempo se convertiría en un campo de fuego de 360 grados.

Cuando vivía en Wyoming, mi madre nos llevó de excursión a Yellowstone, el verano siguiente al gran incendio que casi destruyó el parque. Yellowstone era un bosque, mucho más al norte y varios grados más frío que Guam. No iba a tardar tanto como Yellowstone en destruir por completo la pradera en la que nos encontrábamos.

Estábamos corriendo por el centro de la calle, pero eso no iba a ofrecer mucha protección, incluso si lográbamos escapar de ser quemados.

El humo no tiene límites. No iba a ser contenido por el borde de la carretera. La posible asfixia se convirtió en la mayor preocupación. No había salida.

No cabía esperar otro milagro como que el camión cisterna se detuviera inexplicablemente de la forma en que lo hizo.

Nunca seríamos capaces de correr lo suficientemente rápido para evitarlo. A diferencia de la creencia popular, tu vida no pasa necesariamente ante tus ojos. En cambio, me preguntaba si quedarían suficientes restos de nuestros cuerpos para una identificación positiva y si habría alguna forma de que las autoridades supieran cómo ponerse en contacto con mis hijos. ¿Entenderían lo que había pasado? ¿Recordarían todo lo que había hecho, lo que había sacrificado para asegurarme de que tuvieran un techo, ropa, comida, juguetes y mucho más, incluso antes, y por qué dejé a su padre la primera vez? Para mí, esa sería la mayor tragedia.

Era una situación desesperada.

Entonces, vi un auto, el único que había visto desde antes de pasar por el parque de bomberos. Venía hacia nosotros.

Tal vez... Tal vez...

Dio la vuelta y nos dejó.

Estaba destrozada, me sentía derrotada. No quería rendirme, pero ¿qué podía hacer? Sólo tenía que aceptar, este era el final.

Sin embargo, increíblemente, estaba retrocediendo. El auto aún estaba a muchos metros, pero estaba claro que retrocedía.

Cuando comprendí que el rescate estaba cerca, me volví para evaluar la situación de mis compañeros. El conductor levantó los brazos. Como si se tratara de una coreografía, una mancha roja floreció en el centro del camión y, al caer de bruces al suelo, se extendió hacia ambos extremos.

¿Debíamos Betsy y yo aprovechar esta oportunidad y marcharnos, escapar con vida?

Un soldado —y aunque en mis tiempos las mujeres no iban a la guerra— no deja morir a un compañero. Para seguir a nuestro Señor, como se debe, no se deja morir a un semejante.

Volví corriendo para ver si aquel hombre seguía vivo. Como técnico electrónico que trabajaba con alta tensión, la reanimación cardiopulmonar formaba parte de nuestra formación. Con aviones de combate entrenando en el espacio aéreo donde estábamos, había veces que éramos la primera línea de rescate para estos pilotos. No era algo en lo que realmente pensara. Simplemente acudí a él.

Si estaba vivo, lo llevaría a un lugar seguro. Si no, Betsy y yo saldríamos de allí.

Antes de que tuviera tiempo de agacharme para tocarle, para comprobar sus signos vitales, su dedo se movió.

Suficiente. Bajé la mano hacia su brazo. Betsy, aparentemente mi sombra, agarró el otro.

Era más baja que yo por unos buenos quince centímetros, apenas superaba los estándares de estatura militar, ¿podría levantar también una bolsa de lona de veinticinco kilos?

La adrenalina suplió lo que nos faltaba de fuerza. Tiramos de él, lo arrastramos y finalmente lo metimos en el auto.

Subimos nosotras. Toda la información que he estado archivando durante años, bueno, me la recordé. "¡Hay una estación de bomberos más adelante!" La chica al volante, se dirigió en esa dirección, a toda velocidad.

Cómo ella mantuvo el control, y yo dije que estábamos en una montaña, es desconocida, pero yo estaba siempre tan agradecida.

Llegamos al parque de bomberos, y antes de entrar en el camino de entrada, salté del auto, gritando y señalando el camino por el que veníamos: "¡Allí hay un camión en llamas!". Para puntualizar mis palabras, se oyó la explosión a lo lejos.

Casi inmediatamente, sonaron las sirenas. Hombres, parcialmente uniformados salían a borbotones de las puertas, y puede que incluso de las ventanas. Apareció el clásico poste, por el que se deslizaron unos cuantos.

Antes de que nuestra heroína pudiera estacionar, el camión de bomberos había desaparecido.

Un par de bomberos venían para arrastrar el conductor del camión inconsciente del auto. Los tres hicimos lo que pudimos para ayudar a subirlo a la camilla, meterlo en una ambulancia y despedirlo.

Entonces el jefe de bomberos se dirigió a nosotras y nos llevó a su salón para relajarnos, ver la televisión, tomar refrescos y quizá un bocadillo. Agradezco su hospitalidad, pero estábamos demasiado nerviosas para hacer nada, salvo caminar. Así pasearon Betsy y la joven que nos recogió.

En cuanto a mí, la espalda y las piernas, debido al accidente que tuve justo antes de la boda de mi hermana, me estaban matando. Me senté.

Me sentía con derecho.

Durante la espera, las tres nos fuimos conociendo. Es algo habitual entre nosotras, las mujeres. Intercambiamos nombres. La joven que nos rescató —espero que entienda que nos sintamos en deuda de gratitud al mencionar su nombre aquí— Rhoda Santos, nos preguntó a qué nos dedicábamos.

"Vendo cartas de numerología". Ella, por supuesto, hizo las preguntas habituales que me llevaron a preguntar su fecha de nacimiento. Hablaré de ello más adelante.

CAPÍTULO VEINTIOCHO

DESPUÉS DE UN TIEMPO, NOS DIJERON que podíamos volver al lugar del accidente y nos dieron escolta.

La llanura, hasta entonces vacía, estaba abarrotada de vehículos de todo tipo esparcidos por todas partes. Bomberos, agentes de policía, periodistas y gente que simplemente iba a mirar. Nos interrogaron, nos fotografiaron y Dios sabe qué más.

Por fin, cuando creíamos que habíamos terminado, la multitud se separó un poco y vi mi auto, entero, sin daños aparentes. Me lancé hacia él, y el agente que me interrogaba se interpuso con una advertencia funesta. "Un momento", me dijo con severidad. "El calor de la explosión fundió el aislamiento de los cables".

De acuerdo, como radarista, técnico electrónico, conocía el peligro. Una chispa de dos cables expuestos y el tanque de gasolina, aunque muchas veces más pequeño que el camión que empezó todo esto, seguía siendo una mala noticia. Era suficiente para matar en una explosión e incendio.

Miré mi "carroza", como apodábamos los de la SCA a nuestros vehículos, con triste añoranza. Había pasado un calvario, y parecía un consuelo.

Sin embargo, también representaba un peligro, uno de los muchos a los que nos habíamos enfrentado en las últimas horas.

La pausa duró poco cuando alguien me puso un portapapeles en la cara. Firmé unos papeles para que llevaran mi auto a un taller para ver qué se podía salvar y, sinceramente, no sé qué más.

Finalmente, el joven policía se ofreció a llevarme a casa. En su auto, en la radio sonaba la canción más bonita de la historia. "I can see clearly now", de Johnny Nash.

Volver a hacer algo como escuchar la radio y saber que podríamos hacerlo a menudo era maravilloso. A pesar de todo el dolor, físico o emocional, no hay nada tan maravilloso como estar vivo.

Lo más difícil fue convencer a nuestros amigos de lo sucedido. Afortunadamente, el periódico, "The Pacific Daily News", nos obligó a publicarlo en primera página al día siguiente.

Nos convertimos en celebridades. Todos los que me reconocían se desvivían por estrecharme la mano y hacerme frotar la cabeza de los bebés para que les diera suerte. Todos los miembros de la SCA y los jugadores que conocía me felicitaban. Contaré esta historia el resto de mi vida. Un amigo me dijo que había visto mi auto en la CNN. Me lo perdí, si es verdad.

Mi pequeño Sentra rojo, me encantaba y lo extrañaba. También estaba orgulloso de que resistiera tanto. Supuse que con un poco de recableado estaría como nuevo. Con la emoción, había olvidado por completo mis platos en el maletero.

La compañía de gas me proporcionó un auto de alquiler que, en cuanto mis vecinos lo supieron, hicieron cola para dar la vuelta a la manzana.

La emisora de radio llamó para una entrevista, pregunté: "¿Está bien el conductor del camión cisterna?".

"Oh sí, ya ha salido del hospital".

Por el tipo de trabajo que había hecho, pregunté con cautela: "¿Puedo preguntarle su nombre?".

"¿No te lo han dicho?" Respondí: "No". "Es Paúl Santos", fue la respuesta.

Conseguí su número de teléfono y pronto terminó la llamada. Betsy no podía creer que yo fuera tan atrevida, y discutimos por llamarle. Marqué antes de que ella pudiera impedírmelo.

Contestó una voz rica y profunda.

"¿Puedo hablar con Paúl Santos?", pregunté. Se identificó. "Hola, cuando nos conocimos hace unos días", empecé, "estabas un poco ido...". "¿Eres tú?". Estaba emocionado diciendo "gracias" con frecuencia y debía llevarnos a cenar. Las palabras salían como agua de una presa rota.

Finalmente hicimos los arreglos.

No estoy muy segura, pero puede que fuera en Acción de Gracias. Fue tan cerca a esa fecha. Pasaron tantas cosas en el tiempo que quedaba antes de mi vuelo, y fue hace tanto tiempo.

La cena fue en un bonito restaurante chino, situado en una pequeña colina. No podía hacer lo suficiente por nosotros. Era un hombre apuesto, como la mayoría de los micronesios. Como muchos, de constitución poderosa, compacto, de un metro setenta. Pude hacer trampa y leer su identificación de empleado, que me dio, como si supiera que la necesitaría para contar la historia.

Por supuesto, le hablé de numerología, era como la astrología en el sentido de que servía para romper el hielo.

Él era un cuatro, Betsy, un tres, como yo. Todos nacimos el día veintisiete del mes. El cumpleaños de Rhoda, me había dicho, también era el veintisiete de enero, veinte años exactamente mi júnior.

Los números, los cumpleaños, era extraño que hubiera tantas similitudes.

También estaba mi repetición de que íbamos a conocer a Paúl Santos.

¿Cómo lo sabía? Más tarde, me di cuenta de que había muchas cosas raras. Tantas coincidencias, e incluso años después, había más.

Más tarde, recibí una llamada del taller donde se llevaron el auto. Me devolvieron mis cosas. Todos mis platos buenos, hasta el último, estaban intactos. No había ni una astilla en ninguno. Hoy, cuando me visitan y cenan, cuento la historia de cómo estaban esos platos en el maletero cuando se los llevó el auto. "Mis platos de la suerte" los han apodado.

Aceptaron que les dijeran que estaban recibiendo algo de esa buena suerte mientras cenaban.

Nunca volví a ver a Adam. Desapareció de la SCA y del circuito de juego al que yo pertenecía.

Volví a los Estados Unidos, a Florida, gracias a una oferta tentadora que me hizo mi madre. Me había detenido a ver a mis hijos, que vivían con su padre, antes de venir. Eran lo suficientemente mayores, según la ley, para tomar su propia decisión, y aunque me partía el corazón estar separada de ellos otra vez, tenía que respetar su elección.

Marie era una imagen maravillosa otra vez. No es ni de lejos tan bulliciosa como sus hermanos, pero me alegré de tener tranquilidad.

La casa de mi madre era bonita, en un complejo cerrado, pero era un regreso a la casa de los padres, con sus reglas. Es difícil regresar después de años de valerse por uno mismo.

Todas las noches, como hice en Guam, salía a caminar. Estaba muy dolida, como le pasa a uno durante un tiempo después de tantas cosas, especialmente cuando se combinan con relaciones que salieron mal.

Todas las noches pensaba en Adam—en su valor, en su valentía, en no acobardarse sólo porque su oponente era mucho más grande y se lo consideraba un buen luchador. En cómo, al final, en su último encuentro, dio sangre para salvar a su antiguo rival y amigo. Pensaba en la dulzura con la que me hablaba y en cómo decía que no permitiría que nada me hiciera daño. Era lo que cualquier mujer querría, excepto que yo quería que se hubiera enfrentado a quienes se burlaban de él.

Había leído, justo cuando llegué a Florida, que una divorciada de mi edad tendría muy pocas posibilidades de encontrar otro amor. Esa noticia desalentadora me pesaba mucho en el corazón. Sin embargo, todas las noches rezaba por alguien como Adam, sólo que más maduro, alguien que no tuviera miedo de dejar que el mundo supiera que me amaba. No creía que eso fuera a pasar nunca.

EPÍLOGO

MARIE Y YO NOS UNIMOS A UN GRUPO en una tienda local, un juego caótico ruidoso. Pasamos el tiempo e hicimos poco, pero fuimos semanalmente, de todos modos. El Año Nuevo venía, y con él, mi cumpleaños, y estábamos de nuevo en el juego. Fue tres días después, el 3 de enero, cuando entraron tres hombres. No, no es un cuento de hadas, todos estos tres.

Uno, un hombre alto, grande, con el pelo liso color arena vino a sentarse cerca de mí. "¿Cómo va el partido?", empezó.

"Muy bien". Me encogí de hombros. He estado en mejores, los otros jugadores estaban gritando, todos a la vez, todo el tiempo. No tenía ni idea de cuál era la trama ni de quiénes eran los personajes. Normalmente, iba y me sentaba durante más de dos horas, para estar "involucrada" durante diez minutos. No conocía ninguna otra. Si lo hubiera hecho, quizá no estaría allí, "jugando".

Cuando este hombre me preguntó si estaría interesado en un juego que quería organizar, le di mi número de localizador. Sí, fue hace tanto tiempo. Hacerlo no parecía peligroso entonces.

Al final, la partida terminó y todo el mundo se iba a casa. Le llevé a casa. Mientras nos conocíamos, le hablé del accidente. No me había dado cuenta de que no me había ocupado de lo que tenía que demandar.

Cuando le expresé esa esperanza, me preguntó: "¿Quieres casarte conmigo?". Nos reímos.

Sin embargo, ese no fue el final de la cuestión. Me lo pedía a menudo y, después de que nos hiciéramos amigos, finalmente dije

"Sí" a sus muchas propuestas. Cuando alguien me lo pide tan a menudo, debe de ir en serio.

Un año y medio después intercambiamos votos delante de amigos y familiares.

Ahora Tim me habla todas las noches, en voz baja y con toda la gentileza que un tipo grande como él puede reunir.

Sigo leyendo libros de motivación, pero he encontrado lo que quiero. Es sentarme en nuestro patio trasero por las tardes, frente a la palmera más perfecta, el árbol "Flambeau" más hermoso con sus flores rojas anaranjadas detrás de nosotros, viendo cómo se abren las flores de la luna, con nuestras mascotas corriendo y jugando a nuestro alrededor. Está enamorado de mi frente, ya que es la única parte que no tiene que agacharse mucho para besar. Así que todas las tardes nos sentamos en el patio, con mi cabeza apoyada en su hombro mientras me llena la frente de besos.

Puede que las mujeres chamorros tuvieran razón, su pelo es liso y de color arena como el de Adán y, ambos son sureños.

Ellas también dijeron una cosa más que no había revelado antes. "Para todos hay alguien. Puede que tengas que recorrer medio mundo para encontrarlo". No creí que lo dijeran literalmente.

Mis hijos tienen sus propias familias ahora, excepto James. Nunca podré volver a verlo.

Sea cual sea la tragedia o las dificultades, ahora, Tim está ahí con un abrazo de oso y palabras tranquilizadoras. Lo solucionamos todo juntos. Las cosas no son perfectas, pero nos tenemos el uno al otro, y al final, eso es lo que realmente cuenta.

www.ingramcontent.com/pod-product-compliance
Lightning Source LLC
Chambersburg PA
CBHW021644120626
46545CB00002B/693